獻給我的父母與女兒學容

孩子應該適性教

九型人格告訴你——

推薦序

九型人格引你正視孩子的獨特性

30年前，我父母從「華明心理輔導中心」學到了九型人格，從此，第一型的父親開始埋首研究。他先成立家庭成長小組，我和我妹是他第一批學生，然後開始加入我的同學朋友、我同學的同學和我朋友的朋友。就這樣，我們這群人每個周六晚上在我們家討論及研究九型人格，風雨無阻，持續了十多年，中間還對外開過幾次課。對我來說，九型人格已經不是知識，而是每天生活的一部分。五年前，我父親因病過世，一時千頭萬緒，不知道該如何處理他這25年所蒐集整理的九型人格資料，一個靈感，我上網輸入「九型人格」，找到了挹芬。我們是這樣認識的。

挹芬先後寫了五本九型人格的書，我每本都讀過，寫得淺顯易懂又富創意巧思，跟我們當年那個網際網路還不流行的年代、手上只有一本心理學硬梆梆的「性格型態」，不可同日而語。而這本親子書，讓我覺得更上一層樓，因為她把九種不同型態的父母以故事的方式描述得淋漓盡致，而這身歷其境的案例頗能引起共鳴，我想這應該跟她這幾年不斷的推廣開課、與無數的學員互動所累積的案例有關。不僅如此，書中還針對不同類型的父母與子女提供了個別的處方簽，九型人格重視的是每個人的獨特性，所以每型人所得到的處方簽是不一樣的。

如果您對九型人格的了解不夠，建議您先看她2009年出版的「九型人格學」。如果您想更深入的了解自己性格塑成如何受到童年環境及家庭印記的影響，建議您可以看她2010年出版的「九型人格心靈密碼學」。如果您已經為人父母，關心自己的子女成長和親子關係的發展，那您絕對不可錯過她今年出版的《孩子應該適性教：九型人格告訴你，原來應該這樣與孩子相處》。

我們都希望我們的孩子好，我們做的一切努力，都是希望我們的孩子將來過更好的生活。所以我用自己（包含社會）的價值觀和標準，來教育我的孩子。過程中，父母的性格決定了對待孩子方式，而孩子性格，在跟父母性格交相作用下，發展出千變萬化的親子關係。

家父在世的時常感嘆，我們的教育學了太多用不到的東西，卻沒有學習怎樣當一個父母，也沒有學習怎麼去了解子女的性格密碼，於是，我們照著父母教育我們的方式、加上自己的性格，來教育我們的孩子，要求他們符合我們的期待。我們忽略了孩子的獨特性，也忽略了自己性格上的正反面（陽光面及陰暗面）對孩子造成的影響。

透過這本《孩子應該適性教：九型人格告訴你，原來應該這樣與孩子相處》，我們將學到：父母的性格不同，對孩子的對待方式也不同；孩子的性格不同，對父母的回應也迥然不同。以我自己為例，我父親是要求完美、嚴格的第一型，我母親則是隨遇而安的第九型，我也是第九型。童年的我敬畏父親，努力使自己達到他的標準，感覺永遠做得不夠好，卻不花一點力氣就達到我母親的誇讚肯定，感覺我總是最棒的。長大後的我，學會了九型人格，我很感謝我父親的嚴格讓我做事有一定的品質，也感謝我的母親總是當我壓力的出口。

現在，我也有了自己的子女，兩個可愛的女兒，我們夫妻也不斷地在嘗試和探索她們的人格特質，發展性格上的陽光面，避免走向不健康的陰暗面，兩人的性格差異頗大，在公平與因材施教之間，也需要很多智慧來面對。我們或許了解我們孩子的某部分，但還有更多未知的部分值得去探索－親子之間的性格差異、孩子的潛能適性、煩惱心事、父母的迷思、怎樣愛孩子才愛得恰到好處、以及怎樣幫助孩子走自己的路……我想，掘芬的這本書，提供大家很多寶貴的參考和建議。我相信，每個家庭都有很多故事，而這些故事，套用九型人格的觀點，是這麼的真實而容易理解、預測，值得我們借鏡、省思。

陳永欣

加油成長教室

前言

當你說東，孩子說西時……

水火不容的親子關係

我們常常會聽到或親身體驗過互動不良的親子關係。聽到父母訴苦，說孩子聽不進他們的話；或聽到孩子抱怨，說父母根本不懂他們的想法。

追根究底，到底親子之間哪個環節出了問題？上千個案例告訴我，溝通不良是最主要的原因，而親子彼此不同的人格類型，正是造成溝通不良的重大關鍵之一。

人格機制造就了每個人的價值觀、解讀訊息的標準以及溝通方式。當親子屬於不同人格類型時，活潑的看不懂害羞的，內向的受不了外向的，雞同鴨講的場面就會經常上演。

就算親子屬於同一種人格類型，彼此比較容易理解對方的想法，但是，在相同的人格盲點上，雙方的負面能量是加倍的。比方說，親子同屬於直爽火爆的第八型人格類型，關係好的時候，親子會如好朋友一般無所不談；一旦關係緊張，兩個燃燒的汽油桶放在一起會有什麼場面，也就可想而知了。

所以，運用九型人格學來幫助親子間瞭解彼此的人格特質，比單憑著「我自己的孩子我還不瞭解嗎？」這樣的心態；或「我熟讀了許多親子溝通書籍」這樣的大海撈針，九型人格學更能針對個體性、與不同人格類型相處的變化性，提供更有效率的親子溝通術。

讓我們來看一個例子吧！

莉君因為與母親的糾結而來報名上九型人格課程，她很想知道，為什麼她與母親就是合不來，一見面沒說到兩句話就口氣變差。

莉君是一位「第六型—矛盾型」，她的母親是「第七型—鬼才型」。光從字面上來看，就可以想見，莉君和母親之間存在著多麼大的差異性與可能的衝突！

第七型人具有主動、樂觀、活潑的性格，他們不喜歡花時間做太深入的思考，更討厭負面的感覺，他們寧願先做再說。第七型人是機會主義者，也是愛好物質的享樂主義者。

而第六型人恰恰相反。他們最愛反覆分析事情，尤其對潛在問題特別執著。遇到問題，總是先往最壞的情況去設想。第六型人認為，只要能處理最壞的情況，其他的小問題與小擔心就不是那麼可怕。

因此，在莉君母親的眼裡，莉君的反覆斟酌與把事情想得很糟，實在是一件愚蠢至極的行為。而母親總是急躁地催促莉君向前：「先去做了再說！」

但是，這對莉君造成十分大的壓力，並且把莉君性格中不好的一面：焦慮，完全引爆出來。

而母親的「想到馬上做」與「不設想太多」，在莉君看來，其實是極端的不負責任與短視。

自從接觸「九型人格學」後，莉君逐漸能夠瞭解母親的內心。第七型的母親在人格上最大的盲點是「貪心」。因此，母親總是擔心莉君沒有好好把握機會，失去應得的事物。所以，她才急切地催促莉君先做再說。只是莉君從小並不瞭解母親的想法，反而認為是母親太過膚淺與專橫，從來不尊重她的意願；內心對母親的埋怨日積月累，終至長大後的難以相處。

莉君說：「九型人格學」讓我瞭解母親性格中「害怕不夠」的特質。因此，我開始學習去同理她的「不滿足感」，慢慢的，對她有了多一點的體諒。也因為這新生的體諒，讓我能夠更客觀的去看母親與我。

母親的急性子與不考慮別人的感受，是第七型人的人格盲點之一。她只是習慣以「害怕不夠、所以要爭取更多」的觀點與方式，去面對她生命裡的人事物。

說穿了，母親和我，都身在人格牢籠裡。但是，我們之間的愛，不應該因此被限制，甚至被彼此誤解。

別讓人格機制成為你和孩子之間的銅牆鐵壁

相信身為父母者，都會費盡心思去跟孩子「溝通」。只是，父母的人格特質會影響其溝通的方式，而這正是造成溝通有效或無效的一大關鍵。

可惜的是，許多父母並不自知，只是一廂情願地以「自己認為最好的方式」去跟孩子溝通。

往往在無數次的踢到鐵板之後，選擇氣餒地消極管教（只要孩子不變壞或功課中上，其他就無所謂了）；或不願意改變溝通方式而讓親子關係更惡化（因為，改變溝通方式意味著要先改變某部分的自己，許多父母也沒想要藉此自我成長。）

讓我們以「九型人格學」的角度再來看一個例子。

假設，你的孩子最近經常放學晚歸，你打算要和他談一談這個行為可能導致的後果。

如果，你是第一型父母，向來賞罰分明的你，可能會特別強調「這樣的行為是不對的」、「學生的本分應該如何如何……」。除了苦口婆心的訓斥之外，甚至還會訂下嚴格的規矩來要求孩子去遵守。你認為孩子就應該要聽從父母的正確意見。（第二型的孩子很可能會認為你不通人情；第七型的孩子則會對你的規定陽奉陰違。）

如果你是第二型父母，向來積極想打入孩子生活圈的你，可能會主觀地認定，孩子一定是在家裡得不到他想要的，才會有「不立刻回家」的行為發生。你會想知道孩子的需要，卻容易縱容了他應該要受到規範的行為。你認為你無所不在、無所不關心的愛能夠喚回孩子的心。（第三型的孩子很可能會認為你太鄉愿；第四型的孩子則會逃得更遠。）

如果你是第三型父母，向來自認是優良爸媽的你，可能會立刻想與孩子討論出可行的計畫，希望親子同心、快速地幫助他改掉壞毛病。你認為要給孩子適當的目標、甚至壓力，才能幫助他們成長。（第四型的孩子很可能會認為你在做給別人看；第六型的孩子則會把壓力反彈給你。）

如果你是第四型父母，向來鼓勵孩子自在表現出自我的你，可能會想辦法去感受孩子所感受的一切。你認為你與孩子之間應該心有靈犀，你要幫助他們擁有屬於孩子應有的快樂。（第五型的孩子很可能會認為你過於壓迫；第一型的孩子則會想擺脫被當成孩子的感覺。）

如果你是第五型父母，向來凡事講道理的你，可能會以客觀的態度跟孩子好好談談「因果論」——他的行為可能引發的結果，短期與長期的結果。你認為你得幫助孩子看得夠遠、夠透徹。（第六型的孩子很可能會認為你不瞭解他的真實情況；第八型的孩子會懶得理你。）

如果你是第六型父母，向來是解決問題高手的你，可能會先在心裡反覆地思索、探究、甚至推演孩子發生錯誤行為的原因。你會一再確認孩子已經了解問題的嚴重性，不然，你的焦慮與猜疑會與日俱增。（第七型的孩子很可能會認為你太老派；第九型的孩子則會變得異常固執。）

如果你是第七型父母，向來與孩子玩在一起的你，可能會採取一貫的輕鬆態度來面對孩子的問題，你不想強迫孩子要怎麼做，事實是，你不太想管這種小事。（第八型的孩子很可能會認為你沒有父母的威權感；第五型的孩子則會放棄與你溝通。）

如果你是第八型父母，向來以保護者姿態出現的你，可能會不問三七二十一，先關起門把孩子狠狠地教訓一頓再說。不過，只要孩子在外面受到欺侮，你一定會加倍討回公道。（第二型的孩子很可能會認為你太不講理；第九型的孩子則會對你委曲求全。）

如果你是第九型父母，向來不會青筋暴跳地教訓孩子的你，可能會一直拖到最後才跟孩子「側面地」談論他的行為問題。因為，你不想直接面對孩子的反彈或不高興的情緒。你認為不需要把話講得太直接，孩子自己應該懂得分寸；同時你也覺得孩子的想法也有他的理由，最後不了了之。（第一型的孩子很可能會認為你模稜兩可而對你失去信任；第三型的孩子則會繼續鑽漏洞、找藉口。）

九種父母有九種不同的「教養手法」，而九種孩子也各自有「應付父母的方式」。所以，別人教育孩子的成功經驗，其實未必能成為你的典範。

畢竟，你和別的父母親的人格類型不同。別人做得來的，你也許做不到。而別人的孩子與你的孩子也未必屬於相同的個性；適用於他的孩子的良方，可能是你孩子的惡夢！

所以，本書的目的就是要幫助你，根據你和孩子的人格類型，教你如何用適合的方式來幫助孩子走上自己的人生道路！

挹芬
勇行者・一行者・願行者
轉念・轉識・轉心

Contents

Part 2

你是一個什麼樣的人

Part 3

做孩子的麻辣軍師

序章

「九型人格學」的教養奧祕

每一個孩子都是獨一無二

儘管許多學術研究顯示，文化、成長背景、以及父母的人格特質與教養方式，都是影響孩子性格發展的因素。但是，不可否認的，每一個孩子與生俱來就有他自己的「天生氣質」，也就是早已注定好的人格特質。

有些孩子天生比較安靜；有些孩子還在媽媽肚子裡時，就已經非常活潑好動了。有些孩子天性敏感；有些孩子則是大剌剌地不長心眼。即使是同胞的兄弟姊妹，每一個人的個性也不會相同。

幫助孩子走自己的路

父母們總是期望孩子能按照父母的規劃，長成父母想要的樣子。既然無法選擇孩子的「天生氣質」，父母便想努力「打造」一個合乎心意的孩子。

這種「為孩子規劃前途」的教養態度，正是造成親子關係緊張的一大主因。因為每一個人都是宇宙間獨立的個體，包括我們的孩子。有一天他們都將長成為大人，在這個浩瀚的世界中，獨立地

展開自己的生活。

身為父母的我們，究竟應該給孩子一張我們想要的藍圖，還是幫助他找到自己的生命位置？

「九型人格學」的教養奧祕就在於，幫助父母認識孩子獨有的人格特質，並且學習如何在孩子成長的過程中，給予他們勇氣與支持。

健康的身心發展，是給孩子最好的人生禮物

人生如海浪，難免有起伏。當生命的低潮來臨時，一個擁有健康性格的人，比較能夠以樂觀而且具建設性的態度去面對挫折。我始終認為，父母能夠給孩子最好的禮物，除了健康的身體之外，就是幫助他發展出健全的性格。這兩項是孩子一輩子受用的東西，比金山銀山還要寶貴。

而「九型人格學」則是上天送給父母的禮物。它可以幫助父母學習到：

1. 認清孩子與自己是兩種人，有著不同的想法與做法。如此，當孩子不聽「使喚」時，父母不會感到太受挫折。
2. 幫助孩子找出自己的特質，並學會欣賞自己的與別人優點及相異處，建立自信培養寬容胸襟。
3. 瞭解沒有哪一種性格「比較好」；和孩子一起學習尊重與自己不同意見的人。

認識「九型人格學」

起源

Enneagram發音為：ANY-a-gram，這個字是希臘文。「ennea」代表數字「九」，「grammos」代表的意義是「圖形」。Enneagram意思是「九角圖：有九個突出點的圖」，也有人翻譯成「九芒星」。

隱身在畢達哥拉斯筆記本中的人性地圖

畢達哥拉斯是生於西元前580年的古希臘哲學家。他的一生當中有許多重要的發明與貢獻，其中最有名的就是數學中的「畢氏定理」；而近年風行的「生命靈數」，也是畢氏研究「占數術」的心得之一。

就在畢氏的私人筆記本中，有一張獨立存在的手繪草圖（圖一）。經過了漫長的千年歲月，可能因為文化遷徙的因素，畢達哥拉斯的the Enneagram九角圖輾轉流傳到中東。

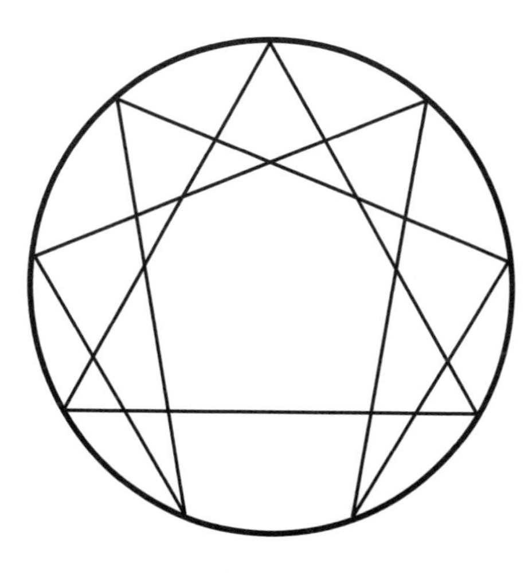

（圖一）最早的「The Enneagram——九角圖」

第一次世界大戰前，一位被譽為「20世紀的達摩」的心靈導師——葛吉夫（George Gurdjieff），又將the Enneagram九角圖由中東地區帶回歐洲，並以蘇非教（Sufism）等古老智慧與傳統加以闡釋，用以說明心靈轉化的過程。

到了1960至1970年間，由艾伽索（Oscar Ichazo）與諾倫喬（Claudio Naranjo）兩位學者分別為the Enneagram九角圖標註出九種人格類型的名稱，並且加入了現代心理學精準的性格分析與描述，發展出目前我們所運用的「九型人格學」（參考圖二。）

人格機制，是一個人看世界的觀點與處理日常生活大小事情的標準。每個人都有自己所屬的主要

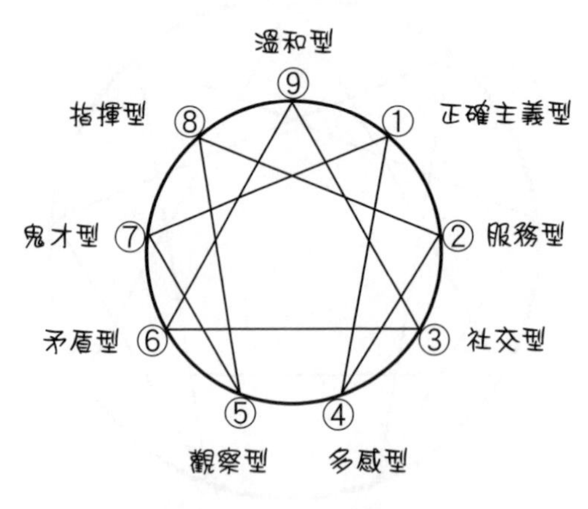

（圖二） 加入人格分類的九角圖

★林咏嫣 繪圖

人格類型，每個人都習慣以自己的角度來衡量事物。

長久下來，人們漸漸認定，這個世界上只有自己的方式是比較好的；甚至以為，大家應該都和自己一樣，才算是「正常人應該有的反應」。

人們習慣以「我都是這樣做……」、「那不是我的方式……」……來區別自己與別人的不同。而人際間的衝突，便由此產生。

每一個人都是綜合體

The Enneagram將人格分成九大類型：

第一型人：正確主義型。

第二型人：服務型。

第三型人：社交型。

第四型人：多感型。

第五型人：觀察型。

第六型人：矛盾型。

第七型人：鬼才型。

第八型人：指揮型。

第九型人：溫和型。

但請不要誤以為世界上就只有九種人，每個人一定就是規規矩矩的屬於某一個人格類型。這不僅不符合現實狀況，更忽略了the Enneagram的精神！

The Enneagram主張人性是流動的，也就是說，每個人的人格是一個綜合體，或多或少都擁有九大人格特質，只是強度不同罷了。強度最強的，就是你的主要人格類型；但是，你有時也會呈現出其他人格類型的特質，尤其當你經驗過某種人格特質適合某種場合使用時，你更會下意識地做出不同於自己主要人格類型的行為反應。而這也就是為什麼許多人一開始很容易誤判自己的主要人格類型。因為我們已經習慣做出「不符合自我」的反應，但是我們卻不自知。

此外，透過九型人格學，我們也會認識其他八種人格類型的思考方式，讓我們與別人相處時更有彈性。同時，我們也可以擷取其他人格類型的優點，讓自己的整體人格發展得更圓滿。

精準預測性格的變化

然而，隨著環境壓力的改變，人的性格會出現健康或不健康的變化（「Levels」健康度——人格健康指數的變化，共分九級）；甚至會暫時變成另一種人格（「Direction」走向——當人受到壓力或心靈成長時，會暫時出現其他類型的人格特質）。

此外，每一種人格類型還有左右翼（「Wings」，註一）與副性格（「Subtypes」，註二）的分類。以上的深度探討請參考我的另一本著作：「九型人格學」。

不過，一個人主要的人格類型是不會改變的，會改變的是人格健康度與個性中其他八種人格特質的開發或壓抑。

因此，這也是為什麼有些人無法很快就確定自己的人格類型，因為影響人格表現的因素實在太多了！但透過九型人格學，我們至少有一個精簡但可靠的規則去參考依循。將人分成九大人格，只是方便大家認識更深層的自己，並且快速找出與別人能夠達成共識的橋樑。

在歐美，九型人格學被廣泛運用在心理治療、家庭諮詢、職場訓練、人資管理、甚至靈修團體。從私人授課到大學專班，都有熱愛九型人格的專業人士在努力地推動這門學問。

九型人格學尤其適合父母與各級學校的老師們進修，因為莘莘學子是世界未來的主力，有人格健康的下一代，人類才有和平的希望！

註一 Wings左右翼：指的是所屬的主要人格類型的前、與後的人格類型。比方說，一位第二型人，他有可能擁有第一型或第三型的Wing。就某個層面來說，除了第二型的特質外，他還可能具有變強的第一型或第三型的特質。此外，我們可以透過學習wings左右翼的人格特質，來平衡我們主要的人格類型。

註二 Subtypes副性格：分成「身體舒適度導向」（Self Preservation）、「社會關係導向」（Social）、與「個人吸引力導向」（Sexual）三種。比方說，一位第二型具有「個人吸引力感導向」副性格的人，他第二型的人格特質，會比較容易在親密關係中展現出來。如果，他的人格不太健康，很可能他總是會在親密關係中感到挫折。

找出孩子的主導人格類型

請你先暫且放下「你心目中對孩子一直以來的印象」，而是根據客觀的觀察，以孩子「經常性、一致性」的表現為答題標準；「偶爾」、「有時候」才出現的特質就請先略過。

建議你先從這裡開始，找出孩子可能的主導人格類型。然後，再翻閱下一章節「他是哪一種孩子？」那裡有更詳盡的人格特質清單，你可以再做一次double check！

請選擇一個與孩子的脾氣最接近的描述

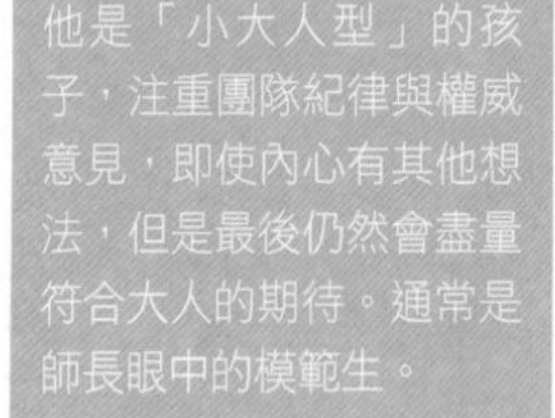

他是個性活潑好動、自我主張強烈、勇於表達自己的孩子。競爭心強，在團體裡面喜歡當帶頭人物，比較不會委屈自己或被人欺壓。

他是「小大人型」的孩子，注重團隊紀律與權威意見，即使內心有其他想法，但是最後仍然會盡量符合大人的期待。通常是師長眼中的模範生。

他是比較內向害羞、人際慢熱、不太表達自己的孩子。遇到不順心的事，他通常表現沉默；或嘴上說「沒事」，卻一個人躲回房間搞自閉。

在家裡，他是——

非常堅持自己的意見、叛逆衝動、不喜歡被約束、富正義感；遇到不合心意時，通常會當場反抗。

（第八型）
自主性非常高、領導慾強、不輕易示弱的孩子。

or

反應快、興趣廣泛但不持久、愛耍嘴皮子、表演慾強、常常是家裡或團體中的開心果。

（第七型）
愛玩、聰明機靈、想像力豐富、學事情很快的孩子。

or

懂得如何應付大人或討好長輩、喜歡自我表現、自尊心高。很害怕失敗或丟臉，希望自己樣樣都很出色。

（第三型）
自信外向、好面子、十分在意輸贏的孩子。

唸書做事都是自動自發、認真負責、注重公平與正確性。會自己管好自己、更喜歡管別人的糾察小組長。

（第一型）
循規蹈矩、自發性高、講求誠實與公正的孩子。

or

比較願意分擔家事或體恤父母的煩惱。樂觀開朗又活潑的他，在團體中人緣極佳，擅長討長輩歡心

（第二型）
樂於助人、笑口常開、善於討好大人的孩子。

or

友善合群、膽小卻容易衝動。對大人有時候服從貼心、有時候又會挑戰權威或表現出叛逆的行為。

（第六型）
可愛俏皮、容易緊張、遇事容易猶豫不決的孩子。

感情豐富、情緒化、極富創造力，對美感有自己的見解，很能感受他人的痛苦。

（第四型）
很在乎「如何才能有自己的風格」、自尊心強、容易暗自喜歡或嫉妒他人的孩子。

or

好奇內斂、喜歡思考觀察、或一個人默默進行他的「計畫」。大人很難從他的表面反應探知其內心世界。

（第五型）
安靜、喜歡動腦、想法獨特、「悶葫蘆」型的孩子。

or

貼心友善、溫和靦腆、喜歡和家人一起活動，不喜歡與人競爭。

（第九型）
容易害羞不想被注意、但有時又會做些事情引起你的注意。好脾氣、容易被欺負的孩子。

他是哪一型孩子

第一型 正確主義型

你的孩子常常表現出下面的行為嗎？

1. 行為舉止像個小大人一般，好像什麼都懂。他常常會糾正別人的生活習慣或錯誤；他不喜歡自己或別人做了不合規定的事情。
2. 從小，他就會很守分地吃完你規定的食物，或遵守你下的命令。
3. 他會主動幫忙家務，尤其當你清楚劃分出他負責的部分，他會盡責地完成。
4. 小時候，當你幫他洗澡或穿衣時，他很少反抗，都會乖乖地聽從。
5. 自動自發地完成學校功課、整理書包、準時參加課後輔導或其他活動，一點都不用你操心。
6. 特別尊敬誠實公正、能為大眾謀福利的偉人，或對理想性的議題特別感興趣。
7. 會忍不住教你如何做某件事；而當你表現不好時，他會用像大人一般的口氣直接批評你、或笑你太遜了。
8. 對課業成績十分在意，而對班上不用功的學生會諸多批評。

9. 希望其他的小朋友都能照著他的方式去玩或唸書；他覺得他應該要讓大家知道什麼是比較好的方式，這對大家都很有幫助。

10. 他不喜歡雜亂無章、沒有秩序，整齊乾淨是他的基本要求。

如果你的孩子經常出現上述大部分的行為，那麼，他的主要人格類型很可能是第一型。在九種人格類型中，沒有哪一種人格類型比較好。重要的是，你的孩子是否能夠發展出該人格類型的陽光面，而不是發展出受到扭曲的陰暗面。

他是這樣的孩子

他最在意的事：我這樣做算是一個好孩子嗎？

他最害怕的事：我做錯了！

第一型的陰暗面：非黑即白。誰都不應該犯錯，更不應該找藉口。

第一型的陽光面：接受不完美。只要盡力去做，那就是最完美的表現。

幫他加油的話：你已經盡力了，而且你做得夠好了！

第二型 服務型

你的孩子常常表現出下面的行為嗎？

1. 會藉著撒嬌或特別展現自己的優點來引起別人的注意
2. 很貼心，總是知道大家需要什麼服務，而他也會樂於服務大家。
3. 因為太在意別人，所以很容易因為別人沒有給他預期的回應而暗自受傷。
4. 不管是玩耍或唸書，都喜歡有人作伴。
5. 對朋友很用心，常常會忙著準備生日禮物或打電話聊天。
6. 很努力想要做一個受人歡迎的好人。
7. 先考慮到別人的立場或需要，比較少主動提到自己的需要。
8. 會耍點手腕去得到他想要的東西，比方說，先幫助或讚美別人以獲得幫助。
9. 對可憐的人事物特別有同情心，比方說，主動、關心或願意照顧受傷或流浪的小動物。
10. 很容易就跟別人成為好朋友。

如果你的孩子經常出現上述大部分的行為，那麼，他的主要人格類型很可能是第二型。在九種人格類型中，沒有哪一種人格類型比較好。重要的是，你的孩子是否能夠發展出該人格類型的陽光面，而不是發展出受到扭曲的陰暗面。

他是這樣的孩子

他最在意的事：我這樣做能夠幫助到別人嗎？

他最害怕的事：沒有人喜歡我！

第二型的陰暗面：先付出再回收。我幫你做了這麼多，現在該你回報我了。

第二型的陽光面：大愛。只要能夠幫助到別人，我都願意去做。

幫他加油的話：你什麼都不用幫我做，我就是喜歡你。

第三型 社交型

你的孩子常常表現出下面的行為嗎？

1. 他總是表現出樂觀、很有自信的態度。
2. 他對許多事情都很有興趣，好像任何事情都難不倒他。
3. 長輩們都稱讚他是一個很懂事的孩子。
4. 他在朋友面前其實挺愛炫耀的。
5. 在學校裡，他通常是「老師最喜愛的學生」之一。

6. 在社交場合，他得體的應對進退很少讓你沒面子，甚至讓你感到驕傲。
7. 他的反應很快，通常能夠在預定的時間內完成作業。
8. 一旦他下定決心，他會非常努力地去達到目標，甚至比大人還認真。
9. 他總是精力旺盛地投入活動之中，只有當他精疲力竭的時候，他才會停下來。
10. 基本上，他是一個十分注重品質的孩子，廉價的東西很少能讓他滿意。

如果你的孩子經常出現上述大部分的行為，那麼，他的主要人格類型很可能是第三型。在九種人格類型中，沒有哪一種人格類型比較好。重要的是，你的孩子是否能夠發展出該人格類型的陽光面，而不是發展出受到扭曲的陰暗面。

他是這樣的孩子

他最在意的事：我這樣做會贏嗎？
他最害怕的事：我今天的表現真差！
第三型的陰暗面：愛比較。我不能忍受別人比我好。
第三型的陽光面：能夠欣賞別人的優點。我很好，但是，別人也很優秀。
幫他加油的話：不管你是第一名還是最後一名，你都是我心中最棒的！

第四型

多感型

你的孩子常常表現出下面的行為嗎？

1. 他看事情的角度常常跟別人不一樣，通常顯得特別有創造力。
2. 他真的是一個很敏感的孩子，別人一句無心的話語都能深深攪動他的情緒。
3. 他喜歡創作或收集美的東西。
4. 希望自己被真正的瞭解：希望因為自己的獨特而擁有特別的待遇。
5. 基本上，他算是比較害羞內向的孩子。
6. 他比一般孩子更容易被氣氛打動：有時候會格外顯得挫折或自戀。
7. 他喜歡在故事裡找到認同的人物：或完全融入故事的情境裡。
8. 他已經、或非常渴望擁有一整櫃可以讓他顯得出眾的漂亮衣物。
9. 他的思想或作品裡，不時呈現一種淡淡的哀傷但是又美麗的氣氛。
10. 想像力豐富的他是一個夢幻型的孩子，常常會幻想許多情節並樂在其中。

如果你的孩子經常出現上述大部分的行為，那麼，他的主要人格類型很可能是第四型。在九種人格類型中，沒有哪一種人格類型比較好。重要的是，你的孩子是否能夠發展出該人格類型的陽光面，而不是發展出受到扭曲的陰暗面。

他是這樣的孩子

他最在意的事：我這樣做能夠讓別人注意到我是誰嗎？
他最害怕的事：我到底是誰
第四型的陰暗面：多愁善感。我的夢想破滅了，卻沒有人在乎。
第四型的陽光面：將情緒轉化成動力。不管是痛苦的還是愉快的，所有的人生經驗都可以幫助我成長。
幫他加油的話：把你的心情畫出來或寫出來，請幫助我更瞭解你！

觀察型

你的孩子常常表現出下面的行為嗎？

1. 他用大腦的時間比從事體能活動的時間多很多。
2. 不喜歡成為大家關心或談論的焦點。
3. 對他有興趣的事情會非常專注，甚至沉迷其中以致於忘了周遭的世界。
4. 並不是很需要跟同年齡的小朋友一起玩。
5. 會出其不意地講一些冷笑話、或讓人不是一聽就懂的幽默感。

6. 習慣和團體或人群保持多一點距離。
7. 即使他在團體生活中表現正常，但基本上，他是害羞又安靜的孩子。
8. 對許多事情都很有自己的看法，但是，也會願意聽聽別人的見解，只要對方言之有物。
9. 對探索事情的原因、或帶有哲學性思考的問題特別有興趣。
10. 對團體或社交活動並不熱衷，寧願待在家裡做自己想做的事情。

如果你的孩子經常出現上述大部分的行為，那麼，他的主要人格類型很可能是第五型。在九種人格類型中，沒有哪一種人格類型比較好。重要的是，你的孩子是否能夠發展出該人格類型的陽光面，而不是發展出受到扭曲的陰暗面。

他是這樣的孩子

他最在意的事：我這樣做就可以懂得比別人多了嗎？

他最害怕的事：我根本無法安靜地思考！

第五型的陰暗面：偏執。不管你說什麼，我都要推翻你。

第五型的陽光面：走出象牙塔。我很樂意分享我所知道的一切。

幫他加油的話：只要你願意，我就是你的後盾。

第六型
矛盾型

你的孩子常常表現出下面的行為嗎？

1. 情緒變化很快，這一秒還開開心心，下一秒可能就愁容滿面；本來緊張兮兮、馬上又沉靜下來。或許看起來嘻皮笑臉地故做輕鬆，他內心其實很認真，甚至感到擔憂。
2. 很有同情心，會先為別人著想。
3. 比一般孩子更有憂患意識，會假想出各種突發狀況以及對付的方法。
4. 他的情緒反應通常是明顯、甚至激烈的，有時候，因為他的反應難以預測，讓你不確定該用哪種方式與他溝通比較適當。
5. 講話速度快、或因為太急了反而變得有點結巴不順。
6. 會以開自己玩笑的方式去搏周圍的人一笑，讓大家喜歡他。
7. 很難下決定：常常考慮這麼做會有哪些問題，而那麼做又會有哪些問題，到最後仍然沒有結論。
8. 他很容易緊張，對許多事物都抱持著不太放心的焦慮感，然而，有時候他卻又表現得無比勇敢自信。但是仔細觀察，他似乎只是想藉著大膽行為來掩飾內心的不安。

9. 他習慣在大家都認同的結論中找出可能發生的問題，有時候甚至會火氣十足的爭辯。

10. 大部分的時候，他是一個負責誠實而且願意遵守規定的孩子。

如果你的孩子經常出現上述大部分的行為，那麼，他的主要人格類型很可能是第六型。在九種人格類型中，沒有哪一種人格類型比較好。重要的是，你的孩子是否能夠發展出該人格類型的陽光面，而不是發展出受到扭曲的陰暗面。

他是這樣的孩子

他最在意的事：我這樣做好嗎？

他最害怕的事：一個人面對世界。

第六型的陰暗面：質疑。你們還有什麼事情瞞著我？

第六型的陽光面：勇敢。我相信我可以做得很好。

幫他加油的話：只要有問題，我們都可以一起想辦法解決。

第七型

鬼才型

你的孩子常常表現出下面的行為嗎？

1. 你曾經忍不住懷疑他是不是一個過動兒？
2. 從小他常常都是開心地醒來、開心地入睡？
3. 他很有表演慾，不太會怯場。
4. 他對新奇的事物充滿好奇心，很少會放過任何他有興趣的事物！
5. 他對自我的評價通常都很正面，對自己的能力充滿信心。
6. 他的朋友很多，通常不缺玩伴。
7. 很喜歡說故事或講笑話，大家的笑聲會讓他講得更起勁。
8. 他是一個陽光孩子，他咯咯的歡笑聲常常讓你也忍不住笑出來。
9. 特別喜歡跟有趣的人在一起，即使那是一個怪人，對他而言，愈怪愈有意思。
10. 他不喜歡你管太多；他沒有什麼耐心，一旦不想做就不做了。

如果你的孩子經常出現上述大部分的行為，那麼，他的主要人格類型很可能是第七型。在九種人格類型中，沒有哪一種人格類型比較好。重要的是，你的孩子是否能夠發展出該人格類型的陽光面，而不是發展出受到扭曲的陰暗面。

他是這樣的孩子

他最在意的事：我這樣做會好玩嗎？

他最害怕的事：我好無聊！

第七型的陰暗面：逃避痛苦。只要不讓我無聊，我做什麼都好

第七型的陽光面：承擔。我會讓周圍的人和我一樣快樂，對生命充滿希望。

幫他加油的話：不要擔心，我會好好照顧你。

指揮型

你的孩子常常表現出下面的行為嗎？

1. 十足的急性子：做事情常常橫衝直撞、乒乒砰砰。
2. 會指揮別的孩子。
3. 不管是大聲說話或行為劇烈，他總是讓人不得不注意到他的存在。
4. 他講話的口氣或行為比一般孩子強勢。
5. 他不太會控制自己，比方說，喜歡吃什麼就會一直吃、甚至吃到肚子痛。

6. 看到弱者被欺負，他會義憤填膺，甚至跳出來要主持正義。
7. 老實說，你或學校老師，常常會覺得管不住他。
8. 他最生氣有人欺騙他、或佔他便宜。
9. 他絕對不會隱藏他的憤怒與不滿。
10. 他總是表現得很堅強而且精力充沛。

如果你的孩子經常出現上述大部分的行為，那麼，他的主要人格類型很可能是第八型。在九種人格類型中，沒有哪一種人格類型比較好。重要的是，你的孩子是否能夠發展出該人格類型的陽光面，而不是發展出受到扭曲的陰暗面。

他是這樣的孩子

他最在意的事：我這樣做能夠保護自己嗎？
他最害怕的事：不能自己做決定。
第八型的陰暗面：霸道。我要你怎麼做，你就怎麼做。
第八型的陽光面：懂得體恤別人。我要用我的力量讓全家人都過得很好。
幫他加油的話：想哭就哭，流淚並不代表不勇敢！

第九型

溫和型

你的孩子常常表現出下面的行為嗎？

1. 小時候，喜歡賴在你或其他家人的身上，撥都撥不掉。
2. 喜歡打電腦、看電視、睡覺打發時間，或什麼都不做地窩在家裡。
3. 十分敏感，經不起別人開玩笑或挖苦，很容易情緒受傷。
4. 做事情習慣慢吞吞或拖拉，有時候甚至說好要做又沒做。
5. 他大部分的時候都不太會堅持己見，但有時候卻又莫名其妙的固執。
6. 當家裡的氣氛變得不好時，他通常不會對外承認，仍堅信家裡一切都還是和以前一樣。
7. 他天生就有一種溫和純淨的氣質，讓周圍的人不會感到壓力。
8. 他的想法很單純，在他看來，許多事情並不是那麼重要或困難。
9. 遇到抉擇時容易猶豫不決，常常會乾脆順著大家的意思就算了。
10. 他的心不在焉或太被動常常讓你生氣。

如果你的孩子經常出現上述大部分的行為，那麼，他的主要人格類型很可能是第九型。在九種人格類型中，沒有哪一種人格類型比較好。重要的是，你的孩子是否能夠發展出該人格類型的陽光面，而不是發展出受到扭曲的陰暗面。

他是這樣的孩子

他最在意的事：我這樣做能夠讓大家都開心嗎？

他最害怕的事：和別人不一樣。

第九型的陰暗面：消極抵抗。我就是不想動、不想面對。

第九型的陽光面：參與。我知道自己做什麼最拿手，我要好好發揮！

幫他加油的話：你做得很好，我非常以你為榮！

找出你的主導人格類型

想知道你是哪一型父母嗎？請以輕鬆的心情展開你的自我探索之旅吧！

★小提醒

1 放輕鬆。不必字斟句酌，只要敘述符合你大部分時候的想法即可。

2 請以「比較級」來評估各個選項，從中選擇「比較像你」的答案。

如果還是很難決定，建議先刪除「比較不像你」的選項，以縮小選擇的範圍。

胡氏九型人格・九句題測

請問下列哪一個敘述是你經常出現的想法？

1. 很多人自我要求不高，沒把事情做好，我只得一一去修正……我算是相當自律與有原則的人。
2. 沒有我的幫忙，你們怎麼辦……我常常先考慮到別人的需要，或能幫別人做點什麼。
3. 這社會只尊重有成就的人，所以我不能失敗……看看我！我真的很出色！
4. 要找到瞭解我的人不容易……人應該要忠於自己的感覺。

5. 這個問題我需要時間好好思考……很多人都不用大腦。
6. 誰知道會發生什麼事……不怕一萬，只怕萬一。
7. 我對未來充滿期待！生命就應該浪費在美好的事物上！Let's Party！
8. 現實是殘酷的，只有自己最靠得住……我向來只聽自己的指揮。
9. 我都可以，你們覺得好就好……可不可以不要再叫我改變？

題測結果

1. 以上敘述中選擇（1）者，「第一型」的人格特質比較強；選擇（2）者，「第二型」的人格特質比較強。以此類推。
2. 要確定主要人格類型，最佳方式是透過個人的自我驗證。人格測驗的主要功能在於幫助我們縮小自我驗證的範圍。例如：如果你在上述題測中徘徊在第一型與第六型難以抉擇，那就不妨先從這兩個類型開始進行自我驗證與觀察。
3. 若你徘徊在某幾型人格之間，建議仔細閱讀下一章的「你是哪一型父母？」，並且耐心的花時間自我觀察，以確認你的主導人格類型。畢竟，若你對自己都還模糊不清，那又如何能夠清明的「看見」孩子呢？

你是哪一型父母

第一型 正確主義型

你認為自己是：提供孩子好榜樣、以身作則的父母。

孩子眼中的你：讓他們感到安全，但是卻太過嚴苛的父母。

親子間的障礙：你常常因為孩子達不到你的要求而生氣，容易造成孩子不敢自主判斷或失去學習的動力。

試試這種方式：放寬你的標準。不要用放大鏡檢視自己與孩子，學習包容自己與孩子不小心的錯誤與彼此不同的意見。

第一型的父母對於是非對錯與責任義務相當在意，希望自己的行為能夠經得起別人的檢驗。因此，你會要求自我行為符合社會的期待，同時，對孩子的教養也是秉持著「要對社會有所交代」的態度。你喜歡幫孩子安排各種學習活動，只是，當孩子表現出不上進或不負責任的態度時，你通常會非常生氣。

第二型 服務型

你認為自己是：喜歡與孩子互動、全心奉獻的父母。

孩子眼中的你：兩極化的反應。不是感激你為他們做太多，就是討厭你干涉他們太多。

親子間的障礙：你常常因為不想破壞親子關係而不願意對孩子嚴正施教，容易造成孩子被寵壞或不懂得珍惜別人的付出。

試試這種方式：堅守身為父母的界線。不要一廂情願地做牛做馬，也避免心疼孩子而不讓他吃苦的態度，要讓孩子有學習自主與付出的機會。

第二型的父母對於人際關係是否良好相當在意，希望自己在團體中是受歡迎的人物。因此，你常常為別人付出而忽略或壓抑內心的需要，造成你對孩子內心真正的需要也傾向視而不見。你總是為了孩子好而努力，只是，當孩子沒有正面回應你的關心或沒有聽你的話時，你通常會變得非常情緒化。

第三型 社交型

你認為自己是：關心孩子的成長、讓孩子感到有面子的父母。

孩子眼中的你：能夠激勵他們往目標邁進，但是卻太過逼迫、或陪伴不足的父母。

親子間的障礙：你常常會為孩子訂下許多目標，容易造成孩子因為壓力而疲於奔命或心生抗拒，覺得你只要求表現而不在乎他們的感受。

試試這種方式：放下想要比較的心態。不要等到孩子有表現時才表露你的高興或關懷，學習關心自己與孩子的感受和情緒。

第三型的父母對於成功的形象相當在意，希望受到別人的讚美或欣賞。因此，你不僅要求自己要事事表現出色，你對孩子也抱持著相同的期待。你對孩子的教養相當費心，也會積極地參與孩子的課業或為他規劃有益的活動。只是，當孩子的表現不如你的預期或學習動機不夠高的時候，你通常會感到非常懊惱。

第四型 多感型

你認為自己是：尊重孩子的自由成長、能夠看見孩子獨特性的父母。

孩子眼中的你：雖然不像別人的父母那樣刻板，但是卻太過情緒化的父母。

親子間的障礙：你常常把自己的情緒帶進與孩子的互動裡，容易造成孩子的情感負荷過重；有些孩子可能會強烈地反彈，有些孩子則是默默地迎合你。

試試這種方式：節制你的情緒宣洩程度。不要認定孩子和你一樣習慣敞開所有的感受，學習避免把自己的感情期待放在孩子身上。

第四型的父母對於是否能夠找到自己的獨特性相當在意，希望能夠活出精彩豐富的生命。因此，你常常在思考著如何能夠找到孩子與眾不同的特質，幫助他發揮天賦。只是，當孩子表現得很平凡時或對於你的方式有負面回饋時，你通常會感到非常氣餒。

第五型 觀察型

你認為自己是：提供很多知識性的東西給孩子、明理又冷靜的父母。

孩子眼中的你：會尊重孩子的意願，但是卻不太表現出親子間親密感的父母。

親子間的障礙：你常常在與孩子起衝突時選擇撤回到你的「安全堡壘」，因為你需要空間來處理感受。沒有說明就離開現場，容易造成孩子有被拒絕或被遺棄的感覺。

試試這種方式：讓感情流露出來。不要以為孩子懂得你沒有表達出來的愛與關懷，學習常常擁抱孩子，告訴他，你有多麼愛他。

第五型的父母對於個人的空間與資源相當在意，希望能夠不依賴別人地應付生活裡的各項挑戰。因此，你常常會鼓勵孩子去學習很多不同的知識，為未來充滿變數的人生做好準備。只是，當孩子出現情緒的問題時，你通常會感到不知所措。

第六型 矛盾型

你認為自己是：很重視孩子的學習、設想周全的父母。

孩子眼中的你：兩極化的反應。可能因為你的設想而感到安全，也可能因為你的多慮而讓他感染緊張。

親子間的障礙：你常常因為過度擔心孩子而為他立下種種規範或層層保護，容易造成孩子失去自信或激起他的反叛心。

試試這種方式：放手。不要因為你的擔心而剝奪了孩子學習與鍛鍊的機會，你只要適時地給予引導或支持就好。

第六型的父母對於權威相當在意，希望有信賴的來源能夠讓你安全地面對環境。因此，你也覺得自己有責任要保護孩子，而孩子也應當把你視作權威。只是當孩子出現挑戰或質疑你的態度時，你通常會感到焦慮而想要強力壓制他。

第七型 鬼才型

你認為自己是：提供孩子體驗多樣化人生經驗的機會、跟得上年輕人流行腳步的父母。

孩子眼中的你：很容易親近、但是卻很善變而且需要成為目光焦點的父母。

親子間的障礙：你常常容易把自己認為有趣的事情加諸在孩子的學習內容裡，容易忽略了孩子的意向，甚至有可能造成孩子的負擔。

試試這種方式：培養你對孩子的耐心。把注意力從你個人的喜惡移回到孩子的身上，學習給孩子多一點的注意自主空間。

第七型的父母對於「是否有趣」相當在意，你會把比較多的時間與精力花在讓你感興趣或覺得輕鬆的人事物上。因此，你常常會帶領孩子去體驗新事物，甚至比孩子還著迷。只是，當孩子不是屬於活潑外顯的性格，或孩子出現負面情緒時，你通常會感到苦悶而不想面對。

第八型 指揮型

你認為自己是：提供孩子完全的照顧與經濟支持、為孩子付出全部的父母。

孩子眼中的你：讓他們受到保護，但是卻太過強勢而且不在乎孩子意志的父母。

親子間的障礙：你常常因為孩子不照著你的意思做而大發雷霆，容易壓抑孩子的發展或引起親子衝突，讓家庭氣氛變得緊繃。

試試這種方式：減少威權管理。不要把孩子當成是你的軍隊，學習以溫和的方式去鼓勵孩子。

第八型的父母對於領導權相當在意，希望隱藏自己的弱點，以免失去威信。因此，你很少會向孩子訴苦或吐露心事，甚至不在孩子面前掉淚。只是，當孩子有比較軟弱的表現出現時，你通常會感到難以接受。

第九型 溫和型

你認為自己是：順應孩子的發展、非常好相處的父母。

孩子眼中的你：十分支持他們，但常常只是在一旁觀看卻不參與的父母。

親子間的障礙：你常常因為怕麻煩而自動降低了事情的嚴重性，容易忽略了孩子在成長過程中所遭遇到的困境或煩惱，等到想要補救卻為時已晚。

試試這種方式：把握機會。不要讓拖延的習慣耽誤了孩子的教養，學習與孩子一起定下目標、一起努力完成。

第九型的父母對於和諧的氣氛相當在意，希望大家都能夠和平共處。因此，你很能夠覺察到孩子的需要與處境，甚至願意去配合孩子的意願。只是，當孩子與你產生衝突時，你通常會為了保持和諧，而故意忽視衝突或拖延問題。

你的孩子
是一個
什麼樣的人？

Part 1

第一型人

第一型孩子的煩惱

「我要怎麼做才能夠更好？」

俊毅是一位書記官，他回想起小時候，自己最擔心的就是有沒有達到「好孩子」的標準。每天放學後，他很少和同學一起流連學校附近的小店鋪，因為，他規定自己要先回家把功課寫完後才能玩耍。

每逢考試，俊毅更是常常用功到半夜。但是不管再怎麼疲倦，俊毅總是會在睡覺前把書桌整理乾淨，準備好第二天要用的書本與制服，並且設定鬧鐘，因為第二天一早，俊毅還得負責把全家人叫起床，他的兄姐總是賴床，所以常常遲到。

在俊毅的眼裡，唸書不太用功而且成績也不甚理想的兄姐，並不是值得他學習的對象。隔壁家的大哥哥不但常考第一名，而且還是全校模範生，那才是俊毅理想中的仿效對象。

其實，他是這個樣子！

「只要我不犯錯，父母就會更愛我！」

第一型孩子鞭策自己要成為父母或老師心目中的好孩子與好學生，因為，他相信自己必須先表現良好，才能得到父母或老師的關愛與回饋。如果，父母適時地給予第一型孩子鼓勵與愛，第一型孩子會以「表現得更好」來回報父母。如果，父母因為要求太高而只給第一型孩子批評與苛責，那麼，第一型孩子仍然會自我要求要做得更好，只是內心的壓力與憤怒將與日俱增。

「所以，我應該要照著正確的方式做，結果就會是最好的！」

第一型孩子通常承擔了過多的責任，有些是他自己加諸在自己身上的，有些則是大人賦予的。如果做得不好，第一型孩子會感到強烈的罪惡感，覺得自己很對不起賦予他重任的人，他會更勉強自己要做好，以彌補自己的過失。

「情緒會讓我分心，分心就有可能做錯！」

為了讓事情能夠按照正確的方式進行，第一型孩子不容許自己放鬆，常常提醒自己要遵守既定的標準，否則就有可能做錯。這會讓第一型孩子顯得比同年齡的孩子來得穩重與嚴謹，但活潑與天真就稍嫌不足了。

第一型孩子的成績與操行可能很傑出，也很得師長的歡心；或在家裡特別孝順、有禮貌。但是，他犧牲了自我感受、情緒、甚至是屬於孩子的玩樂。

第一型孩子背後的影子

「父親（保護者）不能給我需要的保護，我只有倚靠自己。」

第一型孩子對父親（或家庭中擔任保護者的人）具有否定的連結，也就是並不認同父親。這並不表示第一型孩子與父親的感情一定不好，或兩人處不來。而是第一型孩子自覺無法從父親那裡獲得他需要的支持、指引、或模範，讓第一型孩子不得不自己成為自己的「父親」，自己為自己訂下要遵守的規範，因此，內心發展出強大的「超我」。

如果童年的成長環境健全，第一型孩子的「超我」將是理性的、和諧的、而且相當有彈性。如果童年成長的環境不健全，第一型孩子的「超我」將十分嚴厲，讓第一型孩子長成一位苛刻、好批評、不近人情的第一型人。

他沒有告訴你的心事

「家人都依賴我，我覺得壓力好大！為什麼我必須要承擔家裡最重的責任？」

第一型孩子通常擁有對孩子有相當高期待的父母。又因為第一型孩子的優異表現，讓父母更不由自主地提高標準，讓第一型孩子必須更努力地求表現。通常父母都非常以第一型孩子為榮，因為這代表著他們的教養很成功。

第一型孩子是標準的「小大人」，遇到問題，他會要求自己像一個大人一般地分析思考。因此，分析能力是第一型孩子刻意鍛鍊與開發的潛力，相形之下，創造力與感受力則是尚待開發的領域。只是，由於第一型孩子實在太能幹了，有些父母反而會開始依賴第一型孩子，無形之中又加重了第一型孩子的負擔，剝奪了他當孩子的單純與樂趣。

胃痛或頭痛

第一型孩子常常因為過高的自我要求而產生焦慮感，但是又不會宣洩壓力，結果累垮自己。許多第一型孩子容易有頭痛或胃痛的毛病，多半是因為他們擔心自己表現不好而引起的。建議父母可以幫助第一型孩子學習放慢腳步，溫和地對待自己。

得理不饒人

第一型孩子非常擔心自己表現得沒有家教，同時也害怕表露出生氣的樣子而減損了他的禮儀形象。因此，當他遇上有機會表達內心的想法時，他很可能會透過強烈的義正嚴詞來發洩內心的壓力，甚至咄咄逼人卻自認在主持正義，而不自覺有錯。建議父母可以幫助第一型孩子建立抒發管道，並且讓他瞭解，抒發內心的感覺是一件能夠幫助自己成長的好事。

過份固執己見

第一型孩子和第八型孩子一樣，有一顆堅定的心，還有是非分明的強烈道德觀，他不會輕易改變立場。只是，過度堅持己見，容易發展出過於主觀的狹隘觀點，這也是第一型人的性格困境。建議父母可以幫助第一型孩子去看見，不同的觀點可能會引導出什麼樣不同的過程與結果，而那樣的經歷未必不好。

如何幫助第一型孩子健康成長

1. 幫助他找回無憂無慮的童年。為第一型孩子多安排一些能夠幫助他探索內心情緒與感受的課程或活動。例如：繪畫、音樂、舞蹈……甚或其他充滿驚喜有趣的體驗。讓他有管道排解內心的超齡壓力，同時，也學習允許自己將情緒宣洩出來。

2. 以鼓勵代替要求與批評。第一型孩子最不需要的就是來自父母的「求好心切」，因為，他已經給自己過多嚴厲的要求了，而且，他常常因為小事情而自我責備。因此，父母可以透過正面的言語來幫助他維持自信。此外，父母偶爾應該帶著第一型孩子一起傻氣、一起做自己喜歡做的事、一起承認錯誤。讓他知道，這個世界上有很多的不完美，只要盡力了就是最完美的表現。

第二型人

第二型孩子的煩惱

我要怎麼做才能夠被別人喜歡？」

靖雯是一位專櫃小姐，她說從小時候開始，親友鄰居都稱讚她是「人甜嘴也甜」的好媳婦材料。因為，她很會對長輩們嘘寒問暖，什麼事情也不會推諉偷懶，所以她自小就很得人緣。

只是靖雯的父母感情並不好，每當父母又起衝突，靖雯就會帶著弟妹到屋外玩，以避開家中火爆尷尬的氣氛。為了讓爸媽的心情好一點，靖雯會刻意找一些輕鬆的話題逗父母開心，並且自動地挑起照顧弟妹的責任。

在靖雯的心裡，任何快樂都比不上父母欣慰的表情與笑容，只要知道自己的付出能夠讓父母開心、能夠給弟妹一個溫暖的家，靖雯就會感到一切的辛苦都值得。

其實，他是這個樣子！

「只要我少要求一點，父母就會更愛我！」

第二型孩子努力成為父母或老師的小幫手，因為，他相信自己必須先做點什麼，才能得到父母或老師的喜愛。如果，父母能夠適時地回應第二型孩子對愛的渴求，第二型孩子想要討好別人的動力就會少一些。如果，父母並未特別注意到第二型孩子乖巧的背後，其實渴望的是父母多一點的關懷時，第二型孩子就會持續發展出「要獲得愛，必須要先讓別人開心，所以，我不能先滿足自己。」的性格慣性。

「所以，我要盡量對別人好，這樣大家就不會拒絕我！」

第二型孩子通常會壓抑自己的需要，有時候是為了遷就別人，有時候則是不好意思開口。如果先滿足了自己的需要，第二型孩子會感到強烈的不安全感，擔心別人會因此討厭自己。長久壓抑的結果，造成第二型孩子受了委屈也不想說；心情不好也不能表現出來。

「我不能開口要求，要求是自私的表現！」

為了讓自己在別人的心中有一個位置，第二型孩子只有不斷地扮演「好人」的角色，常常提醒自己不能自私，否則別人就會離開。這會讓第二型孩子顯得比同年齡的孩子來得早熟與貼心，但是，也因為第二型孩子太重感情，反而讓他很容易受到傷害。

第二型孩子會很努力地讀書求表現、盡量幫助同學、或任勞任怨地幫忙家務，只要是能讓周圍人感到開心的事情，他都很願意去做。但是，他犧牲了對自己的關心與回應內心的需要。

第二型孩子背後的影子

「為了得到父親（保護者）的愛，我要像母親（養育者）一樣的付出。」

第二型孩子對父親（或家庭中擔任保護者的人）具有矛盾的連結。他並非如第一型孩子一般地不認同父親，轉而自己扮演自己的父親；也並非如第六型孩子一般地認同父親，一直在追尋如父親一般的指引。第二型孩子是「卡」在兩者中間。為了化解內心的緊張感，第二型孩子決定「以付出交換父親的愛」。而與「父親」相對應的角色是「母親」，因此，第二型孩子要求自己像母親一般地照顧家庭。

如果童年的成長環境健全，第二型孩子的「交換概念」比較輕微，因此也比較不會壓抑內心的需要。如果童年的成長環境不健全，第二型孩子不僅會過度想要討好父親（在家庭中擔任「保護者」角色的人）而自我漠視，同時，他也會刻意壓抑內心自我保護與指引的本能，把這個「位置」留給父親（在家庭中擔任「保護者」角色的人）去填補。

他沒有告訴你的心事

「大家好像都沒有為我著想，我覺得很傷心！為什麼大家都這麼自私？」

人際關係與對愛的渴望是第二型孩子的生活重心，父母應該瞭解到第二型孩子在殷殷付出的背後，是一顆渴望被愛的心。他把同學與朋友看得相當重，也希望自己在同儕團體之中是一個有價值的人物。

第二型孩子是標準的「小天使」，遇到別人需要幫忙的情況，他會不由自主地伸出援手。因此，人際技巧是第二型孩子經常磨練與開發的潛力，相形之下，理性思考則是尚待開發的領域。第二型孩子傾向「用行動來代替思考」，習慣先付再說，而不是先思考別人是否真的需要。為了要保持「小天使」的形象，第二型孩子不得不把內心對別人的不滿隱藏起來，有時候難免發展出強烈的嫉妒心。

討好

第二型孩子不太敢對朋友坦白他內心不滿的感受，因為，他害怕朋友會生氣。所以，第二型孩子容易表現得過度友善，甚至給人一種刻意裝親密的感覺。建議父母可以幫助第二型孩子瞭解，適度地表達生氣的情緒是o.k.的，因為這樣可以幫助大家多瞭解他，也才有可能發展出更長遠的友情。

太重視朋友

第二型孩子在下課後仍然希望與同學們膩在一起，因此，有時候會耽誤了回家寫功課的時間。建議父母不妨規定第二型孩子要先回家把功課寫好，寫完功課後讓他可以自行安排活動。或父母可以邀請別的同學來家裡，與第二型孩子一起溫習功課。假日時，父母可以主動邀請同學來家裡玩，讓第二型孩子感覺到，自己不需要特別做什麼，同學一樣很願意和他一起玩。

想要以付出去操縱別人

如果第二型孩子在家裡沒有得到愛的滿足，他會開始想藉著幫助別人來解決自己的情感需要。此時的第二型孩子容易出現想要控制或操縱朋友的行為。只是，當他付出愈多反而帶給別人壓力，別人可能會遠離他，結果造成第二型孩子感到被拒絕，因此更拚命地付出，一心一意要收服對方。然而，最後往往仍以失望收場，留下自覺被別人虧待的第二型孩子。

如何幫助第二型孩子健康成長

1. **他需要非常非常多的愛與支持。**如果你能夠讓第二型孩子在家裡獲得足夠的愛與安慰，他比較不會發展出過度討好外界以換取愛的人格特質。嘗試以第二型人「付出才能有回報」的角度去看待孩子所遭遇的困難，你就能夠瞭解，他有多麼需要你的鼓勵，幫助他學習直接而勇敢地表達自己的想法。

2. **幫助他先思考然後再行動。**讓第二型孩子瞭解真實世界的情況，有付出不一定會有、也不一定要有回報，不要一廂情願地以為只要幫助別人就可以獲得友情與回饋。此外，要先衡量自己的情況與別人的需要，再決定如何幫助別人。

第三型人

第三型孩子的煩惱

「我要怎麼做才能夠比別人優秀？」

晶晶是一位行銷企畫經理，她回憶起小時候眷村的清苦生活，家裡有五個孩子全擠在一個小房間裡。印象中的母親為了貼補家用，常常幫別人改衣服改到半夜，她則是一邊聽著縫衣機「踢踢達、踢踢達」的聲音，一邊背誦第二天要考試的科目。

晶晶上面有三個姊姊，下面有一個弟弟。姊姊們都非常優秀，全部都是北一女和台大的高材生，這讓晶晶從念國中開始就背負著巨大的壓力。每一次月考與模擬考完，她的成績單就會被姊姊們批評檢討，督促她哪個科目要再加強，不然別想考上第一志願。

在晶晶的心裡，唯有像姊姊們一樣念商學系、出國深造、返台任職外商公司才是「有出息」的人生。至於自己最喜歡的戲劇表演，早在大學選填科系的時候，晶晶就已經放棄了。

其實，他是這個樣子！

「只要我表現出色，父母就會更愛我！」

第三型孩子努力求表現，因為，他相信只要做得好，大家自然就會喜歡他。如果，父母能夠適時地引導第三型孩子去探究內心的感覺，並且如實地表達出來，第三型孩子會比較容易看見自己本身的價值，而不會盲目地以外界的價值來取代自己。如果，父母本身的人格發展就有缺陷，根本看不見第三型孩子的內在優點與價值，第三型孩子很可能就會把自己投射到父母認同的價值上去。

「所以，我要盡量讓自己看起來很棒，讓大家都羨慕我！」

第三型孩子通常是團體中出類拔萃的人，因為他的成就動機比一般孩子要來得強烈。第三型孩子並非天資一定比別人好，但是，他會非常努力而且專心一致地做好他想要做的事。一旦成功的正面經驗愈來愈多，第三型孩子會更有自信，甚至表現出驕傲的態度。

「我不能分心，先達到目標再說！」

太想要贏的第三型孩子對於負面感覺是沒有時間去處理的，他會故意忽視或以勝利的感覺來彌補。第三型孩子並不容易被孤單或挫敗的感覺打敗，因為他相信自己是贏者，至於那些不好的感覺與他沒有關係。

為了贏得大家的掌聲，第三型孩子一直在認同不同的人與不同的價值觀。如果，今天大家認為A是好的典範，那麼，第三型孩子就會努力讓自己成為A的模樣。也許改天大家開始推崇B，第三型孩子就會開始學習B的風格。

第三型孩子背後的影子

「我要讓母親知道我是最棒的！」

第三型孩子對母親（或家庭中擔任養育者的人）具有肯定的連結，也就是非常認同母親。這並不一定代表第三型孩子與母親很親近或對母親很推崇，而是第三型孩子在潛意識裡想要獲得母親的認可，以母親的價值觀作為自己的價值觀，以母親的標準作為成功人生的指標。

如果母親（在家庭中擔任「養育者」角色的人）的人格發展夠健康，當第三型孩子展現出內心心真實的感覺時，母親能夠有所回應並且讚許，那麼，第三型孩子的性格健康度就會提高。反之，母親對於第三型孩子的內在感覺表現出漠然或嘲笑的態度時，這會讓第三型人認定內在感覺是不好的、不值得去探究的，因此形成第三型人格最大的盲點——自我欺騙。

他沒有告訴你的心事

「大家都認為我很棒，事實上，我不是很確定。」

第三型孩子的競爭心很強，因為他努力的背後就是想獲得大家的掌聲。因此，萬一他在團體中得不到想要的讚賞與注意時，他可能很快就會感到挫折，或放棄這個團體而另起爐灶。然而，太過在意表現的結果，一來會給自己很大的壓力，經不起失敗的打擊；二來則是容易犧牲不在目標之內的人事物，包括自己的感覺。

第三型孩子是標準的「小明星」，他總是團體中最引人注意與欣賞的人兒。積極、努力、漂亮、又具有領導能力，往往擔任班上的重要股長或在學校裡加入榮譽性的團體。只是在這些光鮮的外表或頭銜之下，如果缺少感情的覺醒與自我的肯定，第三型孩子很有可能成為對人沒有什麼感情的「小機器人」。

自以為是

耀眼的第三型孩子很難想像有誰不想像他一樣出色，因此，對於那些不羨慕他的人，他會有隱藏的敵意，甚至會惱羞成怒地想打擊對方以凸顯自己的優越。建議父母要適時開導他，學習去欣賞別人的才華。

太想要贏

第三型孩子對自己相當有自信，即使內心對自己有疑慮，他也不會表現出來。如此對自我感覺的冷漠，造成他對別人的感受也顯得冷淡。尤其當他為自己定下目標時，他不容許有任何阻礙擋在前面，此時就會給人功利或現實的感覺。對他有幫助，他便有興趣；沒有助益的，他才懶得理會。建議父母平時要幫助第三型孩子抒解壓力，幫他安排一些「純娛樂」的活動，或偶爾感受一下「無所事事」的樂趣。

推諉責任

第三型孩子向來以優勝者自居，一旦遇到困難，他通常會覺得自己應該可以處理，但如果因此出了狀況導致失敗，第三型孩子傾向先把過錯推到別人身上，為自己找藉口脫罪，甚至投機取巧。建議父母幫助第三型孩子認清自己不一定永遠都是最棒的，並且瞭解「誠實」才是真的值得驕傲的事情。

如何幫助第三型孩子健康成長

1. **幫助他發現自己。**第三型孩子很容易受到大眾價值觀的影響，只要是現在流行的、大家都認為不錯的，他就會很想要擁有。父母可以引導第三型孩子進行自我觀察。例如與他一起分享彼此的看法：「自己喜歡什麼？」、「覺得什麼事情會讓自己感到很快樂？」……

2. **幫助他學習經營一份真摯的友情。**第三型孩子太重視目標，以致於容易忽視了身邊的人，尤其是第三型的競爭心，讓他很自然地把朋友都當成是潛在對手或合作對象。幫助你的第三型孩子學習不為目的的交朋友，他將會認識到什麼是忠誠，什麼是互相幫助，以及這兩項美德在人生中的意義。

第四型人

第四型孩子的煩惱

「我要怎麼做才能夠讓你瞭解我？」

晴玉是一位大四女生，從國中開始，她就保有寫日記的習慣。青少女時期的她，每天都有好多的傷心與憤怒想要發洩出來，尤其是對父母的不滿，可是她又不想大吼大叫，只好把所有的眼淚與吶喊都寫在日記裡。

小時候，晴玉在父母的眼裡就是一個很彆扭的孩子，因為，只要心情不好或覺得受委屈，晴玉常常就是哭，等父母發現時，晴玉早已經哭成淚人兒。然而，晴玉又不肯說明哭的原因，讓父母只好在一旁乾著急。

即將大學畢業的晴玉一直在思考要不要繼續升學。她幽幽地說：「其實我很不喜歡讀書，我完全是為了我爸媽在讀書，所以我在國中與高中時的心情和健康都很不好！我真的想做的是當一名歌手。」

其實，他是這個樣子！

「只要我多一點什麼，父母就會更愛我！」

第四型孩子總覺得自己並未受到父母重視，因此，他相信自己一定是哪裡有問題或不足。所以，第四型孩子拚命想找出自己究竟哪裡與別人不一樣，他認為，只要擁有了他覺得很棒的特質，父母就會愛他。如果，父母經常很用心地傾聽第四型孩子的心聲，或父母的關係很和諧，那麼，第四型孩子會覺得受到關愛，人格發展也會比較健康。如果，父母本身的心思比較不夠細膩，或對情緒回應不擅長，或家裡常常有負面情緒，那麼，第四型孩子很容易感到被拒絕而受傷。

「所以，我要好好地瞭解自己，找出自己還少了什麼！」

第四型孩子想要知道關於自己的一切，尤其是別人看不到也感覺不到的內心世界。他希望能夠如實地表現自我，讓大家不會誤解他。只是，如果缺乏正確的自我觀念，第四型孩子很可能會把「只要我喜歡，有什麼不可以！」與「活出自我」劃上等號。

「為什麼我偏偏就是沒有我最想要的！」

由於第四型孩子總覺得自己少了點什麼，因此，他對於自己所缺少的、或別人有而他沒有的事物，他會特別渴望。但是，第四型孩子往往在得到他最想要的東西後，他又會覺得好像沒那麼稀奇了，繼續轉而追求別的他所欠缺的東西。

第四型孩子通常給人很特別或很神祕的感覺，而且他的藝術天分經常讓父母驚豔！但是，隱藏在內心變化多端的感覺，卻讓第四型孩子飽受情緒的折磨。

第四型孩子背後的影子

「父親（保護者）與母親（養育者）都不瞭解我，我只有靠自己來認識自己。」

第四型孩子對父親（或家庭中擔任保護者的人）與母親（或家庭中擔任養育者的人）具有否定的連結。這並不表示第四型孩子的成長環境一定很不健康，也不代表第四型孩子與父母的感情不好。而是第四型孩子在家裡找不到他想要認同的對象。因此，他轉向對那些家人都沒有的特質去認同。

如果童年的成長環境健全，第四型孩子會發展出相當具有創造力而且獨立的人格，同時很瞭解自我存在的意義與價值，不容易隨外在潮流起伏。如果童年成長環境不健全，第四型孩子比較容易陷入「想要釐清自我」的漩渦中，永遠在尋找自己、在等待瞭解自己的人，甚至出現不斷更換人格角色來扮演的情形，或過度沉溺在自我情緒中而封閉自己，或在各種人際關係中尋找父母的替代品。

他沒有告訴你的心事

「誰能來救救我？我已經快被情緒淹沒了！」

多感的第四型孩子喜歡沉浸在自己的感情世界裡，編織著自己想要的情節。所以，即使眼前的第四型孩子外表顯得安靜而沉默，但是，他很可能在內心裡正把眼前的人事物幻想成另一個截然不同的場景，把別人想像成他想要的樣子，而讓自己扮演在那個場景中的某個角色。

第四型孩子是標準的「小藝術家」，他習慣以「感覺」來決定回應；遇到問題，他會先往自己的感覺裡找答案。所以，旁人覺得微不足道的小事，第四型孩子卻會因此開心或傷心。因此，感受力與想像力是第四型孩子常常在使用的潛力，相形之下，自律性與責任感則是尚待開發的領域。

鬧彆扭

第四型孩子很容易受到情緒的干擾，偏偏他的情緒又比一般孩子來得多。因此，如果父母不瞭解第四型孩子的人格結構，便會認為第四型孩子常常在跟你鬧彆扭。其實，他只是困在某個情緒裡走不出來，需要你的陪伴與開導。所以，建議父母平時就要建立起親子溝通的模式，每天有固定的時間聽他說話，同時，也分享你的經驗或看法。

過度害羞

大部分的第四型孩子比較內向、不容易很快地與人建立感情，尤其在社交場合裡，比較會顯得局促不安，或產生想逃走的感覺。因此，建議父母要為內向的第四型孩子保留喘息的空間，不要為了訓練第四型孩子表現出合群或活潑大方的態度，而經常讓他置身在社交應對的壓力中。如果真的希望第四型孩子適應社交活動，最好從極小型的聚會開始，等他適應之後再慢慢擴大範圍。

好惡分明

第四型孩子對人有強烈的好惡表現，對於喜歡的人會百般討好，對於不喜歡的人常常無視對方的存在，甚至會出現言語攻擊的行為。而喜惡的背後，很可能隱藏著是嫉妒的情緒。第四型孩子對於別人有而自己沒有的事物十分敏感，因此，有可能因為嫉妒別人而產生敵意。建議父母要鼓勵第四型孩子發掘並且欣賞自己的優點或特質，不需要拿自己去與別人比較，因為每一個人都有自己的獨特性。

如何幫助第四型孩子健康成長

1. 對他的情緒要有同理心。先不要急著安撫或否定他的感覺，父母要瞭解，第四型孩子的情緒化其實是想要凸顯他的獨特性，而他這麼做也只是為了引起你的注意與關愛。因此，與他一起進入他的情緒裡，慢慢陪著他走出來。如果你對他的強烈情緒感到不安，你可以坦白地告訴他你的感覺，但要以一種分享心情的方式，而不是帶著情緒性的語氣或批判的言詞。

2. 幫助他做正面思考。對第四型孩子來說，悲觀是一種習慣，所以父母應該要努力幫助第四型孩子培養樂觀的態度。尤其當第四型孩子進入青春期後，因為身體與環境的變化，讓他可能會對自己產生更多的負面看法。此時，父母不妨引導第四型孩子去思考，這些負面看法真的足以代表全部的自己嗎？要提醒父母的是，請讓第四型孩子感受到你是認真地看待他的想法，而且你瞭解他在說什麼。

第五型人

第五型孩子的煩惱

「我要怎麼做才能夠躲開你的壓迫？」

大德是一位銀行專員，父親是退役軍人，母親是家庭主婦。由於父母年紀相差懸殊，母親的性格又很強勢，從大德有印象開始，家中大小事都是母親在作主。大德有三個姊妹，他是家中唯一的男孩，更是母親的心頭肉。

重男輕女的母親對大德寵愛有加，讓大德的姊妹們心生嫉妒，姊妹們常趁著母親不在而捉弄大德，甚至聯手整他。而母親極權式的母愛也快讓大德窒息。什麼事都要順著母親的意思，不然，母親就會一下子翻臉無情，大發雷霆。諸多不好的經驗，讓大德從小對女生就沒有好印象。

為了躲開母親的過度關心與過度情緒化，也為了逃開姊妹們的攻擊，大德喜歡把自己關在房間裡：看漫畫、寫功課、發呆都好。不得已和家人一起活動時，大德總是悶著不說話，只想快點回房

去。只是，這種冷漠的態度引起大德父親的不悅，常常責罵他為什麼不喜歡和家人在一起。

大德說，他看透了人與人之間的索討無饜，所以，他不想花力氣與人相處，很早就選定不需要處理人事關係、或不需要講太多話的工作。

其實，他是這個樣子！

「只要我有實力，父母就會更尊重我的想法！」

第五型孩子比較獨立，很有自己的想法，充滿好奇心與求知慾。他喜歡吸收各種知識、自己一人進行祕密研究。第五型孩子對於神祕的、不容易懂的、或需要專業背景的領域特別有興趣。他常常會提出一些連大人也不見得答得出來的問題：「世界上最輕的東西是什麼？」、「為什麼尖銳的聲音會刺耳？」……然而，想要找到答案的背後，第五型孩子其實是在安定內心對世界的疑慮。因此，如果父母不瞭解第五型孩子亟需安全感的心理，反而被他提出的怪問題所惱怒，那麼，父母不僅很可能扼殺了一位小天才，同時，讓原本就不擅長與人互動的第五型孩子變得更退縮。

「所以，我要弄懂很多事情，這樣我才能證明自己的能力！」

第五型孩子對有興趣的事情會非常投入，甚至常常忘了應有的生活作息。歷史上許多知名的科學家都是第五型人：達爾文、牛頓、愛迪生、愛因斯坦……第五型孩子喜歡獨自做事；與人合作不是他的強項。他的專注力與學習力都很不錯，但是他「重質不重量」的人際關係，就容易讓個性外向的父母操心了。

「在我還沒準備好之前，我不想走出我的城堡！」

第五型孩子會對世界感到焦慮，有很大的原因是來自於「經常被家人干擾」或「家人忽冷忽熱的對待」，讓第五型孩子覺得外面世界並不安全。於是，他在內心建構一座想像的城堡，用思想來控管進出的人員、事物、甚至情緒。他喜歡用想像或不行動來控制場面，以獲得安全感。在還沒有弄清楚眼前狀況時，第五型孩子傾向保持沉默，按兵不動。

第五型孩子需要很多的個人空間，不管是心理或身體方面。許多第五型孩子不喜歡和父母玩親親或緊緊摟抱；如果父母強迫他，他很可能會面露難色或打死不從。因為，他害怕自己會被親密的情感連結影響，萬一下次父母生氣對他冷落，他就得承受被拋棄的傷害了。

第五型孩子背後的影子

「我不確定父親（保護者）或母親（養育者）能愛我多久，我只有想辦法照顧好自己。」

第五型孩子對父親（或家庭中擔任保護者的人）與母親（或家庭中擔任養育者的人）具有矛盾的連結，他不像第九型孩子完全認同父母，也不像第四型孩子直接向外尋找如父母般的愛。第五型孩子對父母感到疑惑；他渴望愛，卻發現為了父母的愛得犧牲自己的獨立或平靜。因此，在期待又怕受傷的心情下，第五型孩子決定依靠自己長大。

只是究竟應該扮演父親還是母親的角色，第五型孩子開始感到焦慮。他只好轉向不具性別與無關人際的純思考世界尋找依靠。知識，往往正是第五型人「保護與滋養」的來源。如果童年的成長環境健全，第五型孩子會比較有自信，願意提出不同的看法，也會專注發展自己的興趣。如果童年成長環境不健全，第五型孩子很可能會缺乏自信與自我期許，甚至變得自閉古怪。

他沒有告訴你的心事

「不要再要求我了！我已經沒辦法再應付大家的期待！」

自我空間與獨立思考是第五型孩子非常看重的事情，父母應該尊重第五型孩子需要獨處與需要時間思考的人格特質，這是他獲得安全感的來源。然而，父母要幫忙把關的是：（1）第五型孩子容易悲觀思考，或盡往陰暗面去想。要適時讓他瞭解，事情並不一定如他所想的發展，還有不同的可能。（2）多安排體育課、戶外活動、或當下很快能夠完成的體能活動，以避免他用腦過度。

對許多父母來說，第五型孩子很像是一個謎團。因為，他不輕易表露內心的想法或情緒；就算有分享，也還是諸多保留，不會讓自己的一切完全曝光。第五型孩子擔心自己會被大人干涉太多，所以，他寧願守著祕密念頭，說太多反而導致更多管訓。至於父母的期待或要求，第五型孩子未必會照單全收，即使他表面上沒有反彈。

他可能出現的問題

適應力差

不像第七型孩子期望生活中有意想不到的變化，第五型孩子最不喜歡突如其來的改變。尤其當有新的人事物進入他的生活中時，他會擔心自己會不會失去自主性或被迫要去配合別人。因此，不妨事前帶著第五型孩子去熟悉即將到來的變化。比方說，在開學之前，帶他去認識新學校、拜訪新老師；開學之後，陪他認識新同學、學習新課業。讓他有足夠的暖身時間，並瞭解即將發生的一切是可以在他的預料之中的。

常錯過用餐時間

第五型孩子很專注，常常埋頭做自己喜歡的事情而忘了用餐時間。此外，他不喜歡被打擾，而深夜正是最理想的獨處時光。與其強迫第五型孩子正常作息，不如尊重他的科學家特質，平時多儲備一些乾糧點心，讓他想吃東西的時候不會餓到。不過，與家人基本的互動是不可少的。可以與他談好條件：一天至少要與家人共進一餐、一週至少要參加某項家庭活動、一週做幾次體能活動，其餘時間放牛吃草。不妨在生活作息上給第五型孩子多一點空間，當他感到有自主權時，他的天賦便能發揮出來。

不喜歡社交

第五型孩子熱衷腦力遊戲勝過人際交流，對於「大人認為應該要做的事」常抱持質疑的態度。

因此，比較重視人際關係或比較威權式的父母常常會嫌棄第五型孩子沒有禮貌，甚至擔心他將來交不到朋友。其實。第五型孩子適合與他同質性高的同伴交往，或小團體的課程與學習活動。不要期望他會像第二型孩子那樣長袖善舞，或第七型孩子的交友廣泛，第五型孩子屬於君子之交。

如何幫助第五型孩子健康成長

1. **他沉浸在思考世界是因為他不想碰觸情感**。如果你能夠當一位專心又用心的聆聽者，你絕對可以幫助第五型孩子慢慢打開心房，展露更多的感情。當他說話時，不要打斷他或給建議；盡量記住談話的內容，因為敏感的他會在下次談話時觀察你是否還記得他上次說過些什麼。適當地附和他的意見，能夠建立他對你的信任感。

2. **他習慣當旁觀者，是因為他擔心自己沒有能力處理眼前的情況**。因此，第五型孩子常常保持安靜或盡量不讓人注意到他。當他有所反應時，你可以適時地肯定他的觀察力或見解，將他拉進討論圈，讓他不會在圈外徘徊，自覺是孤立的一份子。但不要貿然丟問題給他，除非你確定他已經有想法，否則突發的狀況會令他尷尬不安。

第六型人

第六型孩子的煩惱

「我要怎麼做才能夠確保不會有問題？」

小齊是一位中學老師，他從小就是品學兼優的好學生，雖然高中時期曾經叛逆逃家一陣子，但是，最後還是走回正途，考上國立大學，步上人生軌道。

小齊的父親是一位公務員，做事謹慎，清廉自持，小齊相當以父親為榮。當小齊遇到難解的人生問題時，也總是第一個就找父親商量。而喜歡下棋的父親也常常會指導小齊做人處事的道理，幫小齊設想許多策略與不同的應變方案。這讓小齊養成遇事先做最壞打算的習慣，他認為，先找出所有可能發生的問題，接下來就可以高枕無憂了。只是，小齊也發現，就算他設想得再周到，也還是可能有意外出現！這讓他總是很難放鬆心情。

每當有人稱讚小齊是一位標準青年時，小齊就會很不服氣：「其實，我內心也有很反叛的一面！只是我沒有機會表現出來！」

「如果我太超過，爸媽會不要我！」

相較於第八型孩子的天性獨立，第六型孩子天生喜歡有人作伴，他特別希望有人可以依靠、支持他，而父母當然是最主要的支持來源。只是，順從父母久了的第六型孩子，會感受到內心的壓抑而生起想要獨立的念頭。想要自己做決定，但是又擔心忤逆了父母，父母會不愛他。因此，就在聽話與不聽話之間，第六型孩子來回搖擺。一段時間是一個乖孩子，一段時間又開始鬧意見。但是，第六型孩子最終會回到安全感來源的身邊，因為，他通常相信權威勝過自己。

「所以，我要弄清楚界線在哪裡，這樣既保有爸媽，也保有自由！」

第六型孩子是循規蹈矩、勤奮盡責的一群。他的應變力不夠快，因為，他不是很敢自己做決定。第六型孩子習慣走經常走的路線，吃常吃的食物。他不喜歡嘗試新東西，除非有人作伴。第六型孩子戰戰兢兢的表現出應有的行為，為的就是要贏得權威的愛與肯定。但是，萬一父母未如第六型孩子期待的那麼好時，第六型孩子就會起而抗爭或反叛。

「誰能告訴我，我要怎麼做才不會出錯？」

只是，當父母感覺到第六型孩子的依賴性，而想要訓練他獨立一點時，第六型孩子起初會感到恐慌，深怕被父母遺棄的恐懼成真。若遇到不負責任的父母，父母推得愈開，第六型孩子的焦慮就愈大。當他發現父母竟然是不可信賴的時候，他會質疑自己的價值，認為自己是沒有能力的、不可愛的，所以父母推開他。於是，第六型孩子開始向外尋找可以依賴的權威，或如父親般可以提供保護的對象。

第六型孩子傾向裝可愛來贏得權威的喜歡。因此，第六型孩子對父母師長會特別恭敬，凡事要先請示過大人後才敢行動。對同學朋友也是忠心支持，別人託付給他的事情，他都不敢輕忽，深怕沒做好而失去了朋友。

第六型孩子背後的影子

「我渴望遇見一位如父親一般的良師！」

第六型孩子對父親（或家庭中擔任保護者的人）具有正向的連結，也就是受父親的影響比較深。這並不一定代表第六型孩子對父親很推崇（雖然這樣的例子屢見不鮮），而是意味著「父親」

這個角色，在第六型孩子的人格發展中，佔著極重要的地位，不管這個父親對孩子是好還是不好。而這樣強勢的連結將反映在第六型人成年後的各種人際關係中。

如果父親的人格發展夠健康，能夠提供給第六型孩子足夠的安全感與支持，那麼第六型孩子內心的焦慮感便會減少，對自己也比較有自信；只是，如果父親本身的焦慮感比較重的話，第六型孩子也會照單吸全收。如果父親的個性暴躁、甚至性情捉摸不定，會激發第六型孩子的叛逆心與更深的不安全感，對人處處防備，形成第六型的人格盲點——恐懼，對所有人事物都抱著不確定的焦慮，尤其對親密關係的殺傷力更大。

他沒有告訴你的心事

「我需要你不斷的給我肯定與支持。」

不同於第五型孩子對自我空間的渴求、第八型孩子最討厭父母跟前跟後，第六型孩子卻希望父母能夠多陪伴他、常常給他建議與指引。父母太過放任，反而會讓第六型孩子感到不安，他需要有人清楚的告訴他，他現在的表現很好，下一步應該怎麼走會更好。

第六型孩子就像是膽小的小花鹿，只想緊跟在父母的身邊，因為，巨大的森林裡藏有太多的危險，有父母在身旁總是比較安心。第六型孩子成天煩惱的不是哪個同學喜不喜歡我、或哪裡好玩、什麼東西好吃，他比較擔心安全性的問題，包括出門行走或選擇判斷。坦白與直接是與第六型孩子絕佳的溝通方式，沒有未說的祕密。你的態度愈穩定與誠實，他的人格發展會愈健康。

他可能出現的問題

猶豫不決

總在擔心害怕的第六型孩子是最難做決定的一群，因為，他希望確定自己的選擇是對的。因此，他會反覆考慮、反覆做決定、又反覆推翻，最後還是不知道應該選擇哪一個。這時父母能做的就是支持他的決定，不管他選擇哪一個，都給他正面的回饋。等他的焦慮減低時，他就會做出最終的決定。

杞人憂天

第六型孩子和第一型孩子一樣，都努力地想把事情做對。只是第一型孩子堅持自己的作法是最好的，而第六型孩子總是懷疑自己的作法有問題。第六型孩子常常為小事而操心：「去公園玩要不要帶傘？」、「野餐帶的漢堡到了中午會不會酸掉？」……第六型的小腦袋總是裝滿小問題、但卻還真有可能會發生！父母應該盡量幫助第六型孩子排除疑慮。告訴他氣象預報是晴天、幫他準備簡單白土司等，把他的疑慮降到最低。

過度驚恐

「疑心生暗鬼」是第六型人普遍的經驗，尤其當第六型孩子置身在一個陌生的、不確定的、或甚至只是一個黑暗的房間，都會讓他嚇破膽，因為，他的想像力太豐富了！一有風吹草動，他就會無限延伸自己的想像。有些第六型孩子不敢一個人睡覺，父母可以安排一個「感覺安全」的睡眠環境：小夜燈、睡前的陪伴、或設計一套睡前的「平安儀式」等，幫助第六型孩子克服恐懼感。

如何幫助第六型孩子健康成長

1. 幫助他找到讓他感到安全感與自信的事物。第六型孩子比較缺乏自信，而且容易想太多又愛鑽牛角尖，尤其對自己的失敗記得特別清楚。因此，當遇到有表現機會或需要當機立斷的情況時，就容易顯得退縮與疑慮。不妨當他表現得放鬆或有自信的時候，從旁觀察究竟是什麼原因讓他如此安心。

2. **幫助他克服恐懼**。第六型孩子一直在尋覓足以保護自己的對象，因為，他傾向高估別人的能力。當他意識到自己是孤單一人的時候，他的恐懼便會破表。因此，如果你想幫助第六型孩子學習面對改變、培養膽量時，不妨從小挑戰起步，不要一開始就拿大考驗驚嚇他。他是非常神經質的孩子，很容易歇斯底里，這個時候你最要緊的是保持穩定與平衡，不要被他急躁的情緒所影響。你要是也顯得不安，他會更緊張。

第七型人

第七型孩子的煩惱

「我要怎麼做才會更好玩？」

文嘉是一位表演工作者，曾經他非常自豪自己擁有一個快樂的人生，因為，他從來沒有不快樂過。他很看得開，從不去自尋煩惱，就算有困難，他也總是安慰自己往好處想。

其實，樂觀是一件好事。只是，文嘉慢慢覺得事情有點不對勁了，因為他發現他不太能體會別人的痛苦，他不明白怎麼有人會讓自己痛苦這麼久！文嘉更驚訝的發覺，他其實連自己的痛苦也不知道，因為每當感到不愉快，他就是去玩、瘋狂的玩，玩到忘記那件不愉快的事情為止。

文嘉說，他從小就是家裡最讓父母頭痛的孩子，因為他太好動，父母說不可以的事，他偏偏就想去碰。如果父母發火，他就嘻皮笑臉趕緊認錯就沒事了。當然，偶爾也會招來一頓打，不過，文嘉自有一套應付疼痛的方法，那就是腦子裡趕緊想想等一下還有什麼好玩的事情，這樣，被打的痛就完全忘光啦！

其實，他是這個樣子！

「父母常常沒有給我我想要的！」

如果第七型孩子從父母那裡得不到他想要的愛，他就會覺得自己沒有被好好照顧到，甚至認為依賴父母是一件不可靠的事，還是自己照顧自己比較實際。但是，孩子子的力量畢竟不足，第七型孩子明白自己能給予自己的很有限，因此，一種被剝奪的恐懼從此生根。第七型孩子被不滿足所驅動，他會一刻也停不下來的去尋找能帶來快樂的事物，用以填補父母沒有給他的照顧。然而，也有些第七型孩子從小受到父母無微不至的呵護，理論上他應該是滿足的，但是，如果父母呵護過度變成約束，那麼，第七型孩子一樣會產生「被剝奪了自由」的恐懼。

「所以，我要好好玩耍，讓自己滿足！」

當第七型孩子愈愛玩，他內心的匱乏感是愈強烈的，只是，他因為年紀尚小，還不懂得這內心的微妙。但是，父母應該要特別留心。第七型孩子傾向以玩樂來逃避生活中的痛苦，這意味著他非常需要父母來滿足他，給他想要的關懷或其他。此時父母應該去瞭解，究竟第七型孩子想要的是什麼，再做妥善的處理。

「我只能笑，因為我不敢哭。」

不像第四型孩子總是記得傷心的往事，第七型孩子傾向只選擇快樂的記憶。第四型人常常憑藉著痛苦的情緒來確認「這就是我！」，而第七型人則是以歡樂來高唱自己的存在。許多成年的第七型人因為身心靈的整合度佳，所以不怕面對痛苦；但是基本上，第七型孩子的思考模式就是偏向樂觀，他覺得笑聲能夠帶來安慰，哭泣只會勾起更多不愉快的回憶。

第七型孩子的創造力與想像力都非常好，極有可能是從小為了要打發不愉快的感覺而激發出來的潛力。第七型孩子一個人也能玩、也能開心，但是開心的背後，其實隱藏著一顆需要父母安慰的心，只是不喜歡啼哭生氣的他，不知道應該如何表達內心的渴望。

第七型孩子背後的影子

「母親（養育者）不能滿足我，我只有靠自己來滿足自己。」

第七型孩子對母親（或家庭中擔任養育者的人）具有否定的連結。這並不表示第七型孩子不愛母親，而是，他與母親在感情上或認同上的連結並不強烈。造成這樣情況的原因很多，主要是第七型孩子在成長中的某個重要的時刻，當他需要母親的滋養時，母親剛好缺席，或給的不如他預期。

如果第七型孩子自覺從母親那裡的獲得非常不夠，他會發展出極大的被剝奪感與焦慮感，形成人格盲點——暴食，亦即什麼都想要，深怕錯過任何能夠滋養自己、帶來快樂的機會。對第七型人來說，玩樂與享受，或任何能夠製造快樂的事物，就是愛的替代品。

他沒有告訴你的心事

「其實，我常常覺得很寂寞！」

第七型孩子有著陽光一般的熱情與自信，傾向逃避痛苦的他，未必會把不愉快的事情告訴父母。一來是他不想被不開心的情緒所影響，二來也擔心父母知道後的反應。因此，父母要瞭解第七型孩子趨樂避苦的性格，要特別留意他的情緒改變。如果第七型孩子一反常態的愁眉深鎖，父母也不要表現得太驚慌嚴肅，因為這反而會加重第七型孩子的擔憂。父母不妨以柔和平常的態度，並且盡量保持輕鬆的氣氛，但不是嘻嘻哈哈的狀態。適時地開導第七型孩子的憂煩，讓他講出內心的苦惱，幫助他培養願意承認與吐露痛苦的能力。

大人們總覺得第七型孩子成日都想著玩，一個人也能發笑，應該沒有什麼煩惱。其實第七型孩子只是選擇不去想不開心的事，但當他長大成人，那些童年時沒有處理的悲傷，都將如影隨形地干擾他的人際關係，即使他自己並不自知。

他可能出現的問題

坐不住

第七型孩子活潑開朗、精力充沛，許多第七型孩子常被父母誤以為是過動兒。其實，大部分的第七型孩子只是受不了無聊，三不五時就想「動一動」；一感到安靜，就想開口說話搞笑。許多個性嚴謹的父母常常因為不理解第七型孩子的特質而動怒。其實，「加點變化」是對付第七型孩子的萬用法則。此外，父母不妨耐心觀察，找出第七型孩子的「有效學習時間」，然後穿插休息、或換個學習空間或主題。

缺乏耐力

第七型孩子對新事物充滿好奇心，他又頗有小聰明，學習新事物很快就上手。只是第七型孩子很容易又被其他好玩的事物所吸引，因此，看起來多才多藝，可惜卻無幾樣精通。而新玩具也常常摸個一兩天就膩了。因此，父母不僅要判斷讓第七型孩子換新玩具的時機，更要幫助他度過「對某項有益的學習」感到厭倦的階段。沒錯，第七型孩子需要多一點空間，但是，在他還無法為自己做有利的判斷時，父母得幫助他堅持下去，直到他夠成熟時再讓他自己決定。

說謊

由於傾向逃避面對困難，有些第七型孩子會以說謊來掩飾過錯，或強詞奪理為自己辯護。對此父母不要放縱，一定要明確處理，因為，第七型孩子很容易得寸進尺。要讓第七型孩子盡早學習負責任，不要推諉過錯。此外，第七型孩子的學習能力強，但是，注意集中力偏弱。所以，父母不要安排過久的學習時間或過多的學習目標，以免讓他感到壓力而心生逃避。事先擬定計畫與快樂的學習心情，對第七型孩子非常重要。

如何幫助第七型孩子健康成長

1. 幫助他克服「三分鐘熱度」。第七型孩子不喜歡定計畫，他喜歡發現什麼有趣就去做什麼，做到沒有意思了他就再也不做；甚至做到一半發現更有趣的主題時，他會馬上轉移目標。因此，父母除了在讀書任務上特別要求第七型孩子完成外，也要常常描繪美麗的人生願景給他看。讓他明瞭，眼前的努力不僅能讓現在更好，還能讓未來有更多更好的機會。夢想、冒險、與更多快樂的機會，是激勵第七型人的絕佳武器。

2. **幫助他培養同理心**。第七型孩子非常「人來瘋」，常常因為想要更開心或引人注意而捉弄別人或惡作劇。父母應該要適時地提醒第七型孩子要多考慮別人的感受，教他如何將心比心地去體會別人的心情。尤其當第七型孩子明顯的排斥某個人的時候，父母更應該幫助他理解對方的立場。第七型孩子並非心胸狹窄，他只是容易先想到自己是否開心。父母的教導絕對能夠提高第七型孩子的憐憫胸懷。

第八型人

第八型孩子的煩惱

「我要怎麼做才能夠得到我想要的？」

莉著的父親早逝，從小與母親相依為命。母親一直未改嫁，所以，莉著與母親一直住在爺爺奶奶家，而父親的兄弟也多少照顧她們母女兩人的生活。

雖然，爺爺奶奶對莉著很不錯，但是，伯父與叔叔對莉著的母親就完全是外人看待，凡事一定要照他們的意思。莉著母親如果有不同意見，他們就會不客氣的大小聲，甚至三不五時就會把「要不是我們幫忙，妳一個人養得了女兒嗎？」的話掛在嘴邊，母親受了委屈後常常躲在房裡抱著莉著傷心哭泣。

母親的眼淚與仰人鼻息的羞辱，讓念小學的莉著暗自發誓：第一，一定要好好保護母親；第二，一定要早日獨立，帶著母親搬離這個家。隨著年紀增長，莉著開始會和伯父與叔叔發生言語衝撞，同時自恃爺爺奶奶疼她這個沒爹的孩子，她更肆無忌憚的頂撞大人。莉著說，那時覺得反正就

是被打幾個耳光，但是，我要讓大家知道，我和母親不是隨便可以被欺負的！

從小與大人吵架的經驗，讓莉莙長大後很少吵輸別人。每當同事或朋友受了惡人的委屈，都會來找她去幫忙討公道或出口怨氣。莉莙也很樂意幫忙，因為，幫助弱勢的一方伸張正義，讓莉莙感覺又回到了小時候對抗伯父與叔叔惡勢力的快感！

其實，他是這個樣子！

「父母似乎自顧不暇，我的需要只能靠自己。」

當第八型孩子感覺父母並不如自己想像中的強壯或沒有足夠力量保護他時，他會有一種突然清醒的感覺，體認到完全信任與依賴別人是危險的。不少第八型人在成長過程中曾經有被痛打或不被親人支持、甚至是被出賣的感覺，也許只是家人出爾反爾了幾次，或在某次關鍵事件中，家人沒有如預期的給第八型孩子保護，凡此種種讓第八型孩子覺得信任別人是錯誤的，所以，他要好好保護自己，省得一不小心就會被別人控制或傷害。

因此，第八型孩子喜歡照自己的意志行事，認為別人說的不見得可靠，還不如相信自己。所以，凡事依靠自己的第八型孩子常處在一種戰備狀態，他一定要走在大家的前面，因為他不想被別人控制；他就像是一頭西班牙公牛，隨時準備向前衝刺，目的是為了確保別人不會危害到他。

「所以，我必須夠勇敢，這樣別人才不會欺負我！」

其實，第八型孩子是非常天真誠摯的一群，所以，他不擅長隱瞞自己的動機，更不懂得設限或討好大人。有什麼就說什麼，想做什麼就去做。但是對於某些大人來說，這樣的率直是一種威脅。當大人一味去壓制第八型孩子的意志，而不是去適當引導他的力量時，第八型孩子會感到疑惑，不明白自己哪裡錯了；當他發現大人可以違規，自己卻不行時，他會感到憤怒，最終起身抵抗。

「就算再痛，我也不能哭！」

第八型孩子並不是天生就想惹惱父母，他也想當一個好孩子，只是因為性格的關係，他的直言與不輕易認輸，很容易就讓大人不滿意。同時，因為性格太強硬，讓他就算有求好的表現，大人也不見得明白他的心意，常常忽略了給他鼓勵。於是，第八型孩子想討愛又說不出口，表現好又得不到回饋，讓他乾脆反叛，這樣似乎還比較能夠引起大人的反應！

同時，第八型孩子發現，當一個壞孩子似乎比當好孩子能夠獲得的更多，所謂「會吵鬧的孩子有糖吃」，尤其遇到怕麻煩或個性比較軟弱的大人，拗不過第八型孩子的堅持，常常就會屈服。一旦第八型孩子用意志力戰勝大人，他的膽量就會愈來愈大。

第八型孩子背後的影子

「我不確定母親（養育者）能不能保護我，我得成為家裡勇敢的力量。」

第八型孩子對母親（或家庭中擔任養育者的人）具有矛盾的連結，他不像第三型孩子會去認同母親的價值標準（即使第三型孩子的內心是抗拒的，卻仍然會受到影響）；第八型孩子也不像第七型孩子想要逃開母親的影響力（即使第七型孩子渴望母愛，他還是無法完全認同母親或不想犧牲自主性）。第八型孩子希望透過扮演強者的方式，來換得母親的愛與支持。

因此，為了要表現勇敢，第八型孩子不允許自己軟弱，也主動承擔起保護家人的責任。當生長環境不健全時，第八型孩子很可能會變得自私，只保護自己，不顧別人死活；甚至變得鐵石心腸，不允許自己被感動，對別人也不抱信任與親密的期望。如果生長環境夠健全，第八型孩子的自主性與領導慾受到適當的尊重與發揮，他將會長成一位勇敢仁慈的群眾領袖。

他沒有告訴你的心事

「我故意不聽話，只是想要你多注意我！」

如果第八型孩子屢屢遭受打壓，他通常不會就此變得順從，反而會變得更強硬，包括他的感情表達也會趨於冷酷，甚至會激發出他性格的黑暗面——破壞慾。「我得不到，別人也別想得到！」常常會聽到憤怒的第八型孩子如此嘶吼。其實，讓第八型孩子惱怒的原因通常是他覺得自己沒有被公平對待，尤其他最怕被冤枉。如果第八型孩子出現破壞性或攻擊性的行為，很可能是因為他自覺受了委屈而無處投訴（因為他的態度通常會先激怒大人，反而讓原來的委屈得不到伸張），所以他才會以強烈的反擊來表達內心的不滿。

其實，當第八型孩子感到有人願意聽他說，有人能夠瞭解他為什麼裝堅強，甚至有人能夠體會到他其實並沒有惡意，而且願意幫助他學習處理壞脾氣，他堅硬的防護罩就會慢慢瓦解，也會比較好意思開口說出內心想要被愛與被注意的渴望，而不怕被取笑。

他可能出現的問題

脾氣火爆

幫助第八型孩子控制情緒是父母的首要之務，只要能讓他的情緒快速平復下來，第八型孩子還是可以勸之以理的。首先，父母自己要先做好不動怒的準備，以堅定但平穩的態度與第八型孩子周旋。父母要忍耐聆聽他的心聲，再做處理；即使不贊同，也不必與他衝突。第八型人是天生的鬥士，只要嗅到對立的氣味，他的本能反應就會搖旗迎戰。因此，與第八型孩子（或大人）調和的第一要件就是：不要被他激怒，你的回應愈平靜（但不是不理睬），他恢復安靜的速度愈快。

我行我素

第八型孩子喜歡自己作主，獨立雖然是好的，但是，現代社會仍然需要團隊合作。父母不妨鼓勵第八型孩子與其他小朋友共同完成某項計畫，讓他體會到團隊一起努力的喜悅，當然其中必然有不適應與挫折，這正是需要父母適時開導的地方。幫助第八型孩子學習體會別人的感受與尊重不同的意見。好的經驗絕對會讓人想再複製，對所有孩子都是一樣。

領導慾旺盛

第八型孩子喜歡當孩子王，指揮別人做事；同時，他也是精力旺盛、不喜歡無事可做。所以，如果父母發現第八型孩子回到家仍然無法安靜，那很可能是學校的活動量並不能滿足他的需要，父母應該幫他多安排一些課外活動，轉移他過多的精力。此外，父母也可以視第八型孩子的能力，託付適當的家務。比方說：照顧弟妹、打掃庭院、計畫採購物品……讓他的領導慾有發揮的地方，這樣，他才不會覺得自己無處可發揮而興風作浪。

如何幫助第八型孩子健康成長

1. **他習慣使盡全部的力氣。**第八型孩子天生就是要來世上宣示自我主權，他擁有超強的自我意識，同時也希望別人都知道他的存在。所以不論做什麼事，他都會用盡全部力氣，想辦法讓大家聽到他的聲音、意見，或者就只是他的存在。父母要幫助第八型孩子學習「判斷情勢」，何時值得用力，何時最好走開。同時，父母也可以透過回應的方式來讓第八型孩子瞭解，「好好講」比「用力吼」更容易引起父母的注意。

2. **他習慣用憤怒表達不滿。**每一型孩子最常表露出來的情緒都不一樣，第六型孩子經常面露擔憂，第七型孩子則是依靠笑聲排除緊張，而第八型孩子最常用憤怒表達自己。因此，父母不必反應過度，更不要跟著發怒或急著教訓第八型孩子，而是要先理解這是第八型孩子抒解壓力的方式，就像第二型孩子習慣用討好別人來安慰自己一樣。父母應該幫助第八型孩子如何轉移想要發火的衝動：當場轉換空間或外出散步轉移注意力；呼吸練習、禱告、或去沖個冷水澡……都是不錯的方式。

第九型人

第九型孩子的煩惱

「我要怎麼做大家才會都滿意？」

松柏是一位計程車司機，他很喜歡這份工作，因為工作時間很有彈性，也沒有業績壓力，更沒有同事間的勾心鬥角。松柏每天固定工作八小時，剩下時間他就窩在家裡上網看電視。他覺得人生至此，夫復何求。不過，松柏的父母倒是很為他操心。因為，松柏也坐三望四了，卻沒有結婚對象，而他自己似乎也沒有什麼計畫，沒有存款，房子也是租來的。父母常常一看到松柏就長吁短嘆，讓松柏有時候還真怕面對父母時的那種壓迫與無力感。

只是松柏自己還算看得開，他自認沒錢沒長才，能開計程車謀生就已經很不錯了！說實話，求學期間，乖乖牌的松柏還真沒讓父母煩惱過。父母對松柏只有兩個要求：（1）不要學壞；（2）不要留級。這兩樣松柏都做到了。每天按時上下學，考試只求及格就好。他從不為了要考前三名而拚命努力，何必這麼累呢？日子能過就好！大人不是常說：「知足常樂」嗎？

其實，他是這個樣子！

「爸媽開心，我也會感到開心！」

相較於處處想要宣示主權的第八型孩子，第九型孩子對人生的要求很簡單：吃飽睡好、無憂無慮就夠了。至於自己有沒有受到別人的注意或重視，對第九型孩子來說並沒有那麼重要，甚至唯恐避之而不及。因為，受到注意或重視，意味著大人會分派工作給你。第九型孩子不像第一型或第三型孩子那樣能者多勞或希望有表現的機會；他寧願偏安一隅，無所事事的度過一個安靜的下午。而最能夠影響第九型孩子心情的就是父母，因為，他們是第九型孩子最仰望的人。所以，只要父母心情好，第九型孩子也會認為自己是開心的。

「萬一爸媽生氣，我也會跟著倒楣！」

父母的心情、人生觀、價值觀……第九型孩子幾乎是照單全收，即使他自己並不自知。許多第九型學員經常會在自己身上找到許多與父母相似的生活作息或飲食偏好，甚至包括行為反應或思考模式。尤其當第九型孩子意識到，自己的需要似乎與父母的不一致、或會惹惱父母時，第九型孩子往往會以父母的選擇為依歸。不過，這並不表示第九型孩子天生順從，他通常是經過幾次的據理力爭後，卻落得被罵的下場，導致第九型孩子乾脆放棄，省得心理不平靜。

「我不想爸媽生氣，但是我也不想改變自己，我好累！」

第九型孩子的性格盲點是「懶散」，他對自己的情況好像都漠不關心。即使快月考了，他好像也沒有少睡多讀書。有時為了偷懶不想幫忙家務，他會躲進房間睡覺或刻意逃避。總之，能少做多少是多少，投機懶散的態度，常常讓父母發火。只是，對第九型孩子發火是無效的，因為他很擅長有聽沒見。人在你眼前，心早已經飛到別的地方。你的罵對他是不痛不癢。

教養要趁早，尤其是第九型孩子，因為他是習慣性的動物，一旦養成習慣，很難改變。第九型孩子通常乖巧聽話，他總是讓父母放心。等父母發現第九型孩子變得被動消極又不知上進時，常常為時已晚。所以，父母要從小就激發第九型孩子的鬥志與進取心，用獎賞勝過處罰。如果從小就放任，僅要求他不出錯，他很容易就成為不求長進的孩子。

第九型孩子背後的影子

「跟著爸媽一起，我覺得好安全！」

第九型孩子天生具有較強的包容力，他很容易就對父親（或家庭中擔任保護者的人）與母親（或家庭中擔任養育者的人）產生正向的連結。正因為「容易接納別人」的性格優點，反而讓第九型人也容易抹煞自我。其實，性格特質是一體兩面的，在某些狀況下是優點，當情況改變，如果不適切調整，優點很可能就成了致命傷。

如果第九型孩子從父母那邊獲得很多的愛與安全感，他會愈依賴父母；如果父母沒有注意到這一層，還是一味付出，那麼，第九型孩子很可能會完全放棄自我，一切由父母做決定就好。他很可能會變得什麼也不會、什麼也不懂；反正父母會幫我完成。而第九型孩子也會把對父母的依賴投射到權威人士身上。只要權威人士做什麼，他就跟著做什麼。

然而，如果第九型孩子成長在常出現衝突的環境中，尤其是父母不和時，許多第九型孩子會出現抽離現實的行為。例如：美化父母或編造故事以求自我安慰，或揑造一個想像的人物來代替自己去面對痛苦。

他沒有告訴你的心事

「其實，我不是很清楚自己想要什麼。」

第九型孩子天性溫和，通常很得父母疼愛，不過，這也容易造成他以更順從來取悅父母，以換得更多的照顧或更大的安全感。長久下來，造成第九型孩子不習慣與人衝突，遇到不和諧的情況，第九型孩子會先犧牲自己的需要去配合別人，以求相安無事。他寧願吃虧、受委屈、甚至躲避，也要保持內心的平靜，最後失去自主。而有些第九型孩子比較機靈，很可能是犧牲別人來換取和平。但是不論是哪一種情況，第九型孩子都傾向犧牲自主權以換取安全感。第九型人很可能從來沒想過自己想要什麼，但是，他卻很清楚生命中重要的人想要什麼。

在不重視自己的成長過程中，養成第九型孩子對事情總有一種無所謂的態度。做事不夠積極、得過且過，沒有什麼一定要做到的事情，更沒有具體的人生目標。第九型孩子也許很乖，但是，卻沒有理想也沒有自己的想法。長大之後，他就是按照社會的期待進行自己的人生。殘酷的一面是，許多年長的第九型人常常感嘆自己虛度了生命，這一生都在配合別人的生活。

他可能出現的問題

草草了事

許多第九型孩子是好逸惡勞的，為了早點休息，他很可能會拖延應該做的事情，或隨便敷衍了事。因此，父母要特別盯緊他，最好幫助他定下讀書或活動計畫，鼓勵他在預定的時間內完成。陪伴與讚許是不可少的元素。第九型孩子很難打破習慣，因此，只要等他養成良好的習慣後，父母便可以喘息。

缺乏自信

第九型孩子習慣與人妥協，或把決定權交給別人，他喜歡默默的支持同學。如此溫和的個性，常常讓性格比較強勢的父母看不下去，很可能會逼迫第九型孩子要強硬一些。然而，如果連父母都不能欣賞第九型孩子謙遜的特質，這會讓第九型孩子因為得不到父母的讚美而更失去自我，變得沒有自信。因此，父母首先要認同第九型孩子喜歡和平的個性，也理解他不喜歡當領袖帶頭作主。然後，再適時地訓練他勇於表達自我與練習做決定。

動作慢

第九型孩子的反應速度與行動力比較慢，除非他慢到不正常，不然，我懇請父母們對這一型的孩子多一些忍耐。因為不喜歡壓力與緊張，當氣氛愈愉快，第九型孩子的速度會跟著提高。如果你希望他多吃一些，那麼，用餐氣氛就要愉快。但是，如果第九型孩子出現持續的延遲，比方說上學遲到、或遲交作業、或一直拖延某件事情，那就表示他在抗拒。第九型孩子不擅長用言語表達抗議，但是他會用行動抵制。父母應該找機會與第九型孩子溫馨談心，在他感到舒適、放鬆、沒有攻擊的環境中，他會比較容易開口。

1. **幫助他抒解負面情緒**。第九型孩子為了保持內心的平靜往往不惜犧牲自己的想法，同時，不滿足的挫折感也常常被他壓抑下去，只為了假裝無所謂。因此，當第九型孩子面露愁容時，父母一定要細心溫柔地處理。第九型孩子需要有人幫助他發洩累積的不滿，不然等衝到極限時，第九型孩子也會暴怒到令父母吃驚。為了避免壓抑成心理疾病或突然爆炸，父母平日就要協助第九型孩子處理負面的情緒。

2. **幫助他面對現實情況**。第九型孩子遇到不稱心的事情時，他傾向美化情況或降低事情的嚴重性，以逃避現實帶來的壓力。他容易有自欺的現象，尤其當他非常看重某件事情時，他會故意表現得無所謂。一方面是抒解期望帶來的壓力，一方面也是為得不到的失望做準備。因此，父母要多花點心思鼓勵他看重自己；更重要的是，父母應該要先懂得欣賞第九型的孩子！學習尊重他的決定，鼓勵他自主思考，協助他完成他想要做的事情。

你是一個什麼樣的人？

Part 2

第一型人

第一型父母

「國有國法，家有家規！」

立華是一位單親媽媽，對六歲的兒子大寶是管教嚴厲出名的。除了生活大小事要大寶早早學習自理，人際問候與餐桌禮儀一律嚴格要求。至於學校課業與才藝學習更是不落人後：英文、繪畫、音樂、直排輪……只要對心智發展有幫助的科目，立華都會讓大寶去試試看。

今年暑假立華帶著大寶與好友家人們去國外度假。幾個同齡孩子湊在一塊兒難免打鬧嬉戲，一路上立華不知在人前斥責大寶、人後教訓大寶多少次。大寶也很乖巧，努力的不再和其他孩子們玩得太瘋，甚至還會要求大家「不可以再胡鬧！」

只是當旅遊的最後一晚，大夥兒齊聚草地上等著欣賞一年一度的超級煙火時，大寶在遊戲中不小心推倒一個小妹妹。大寶不斷道歉，眾人也都覺得是意外，但是，立華忍不住爆發了。她一把拎

起大寶往房間走，說什麼就是不讓大寶看到他最期待的超級煙火，因為，立華覺得大寶應該要為他的嬉鬧得到教訓！

其實，你是這個樣子！

「我就是孩子的榜樣！」

第一型父母本身就是一個非常自律、自我要求相當高的人，你總是期許自己在不完美的世界中做到最完美！為了安撫人格中「害怕犯錯」的焦慮，第一型父母為自己建立許多原則與價值標準，並習慣先往「不完美處」修正。因此，當你管教孩子時，也就傾向先看到孩子的弱項，不由自主的忽略了孩子的表現，甚至認為孩子表現好是孩子應盡的責任，不需要特別獎勵。

「不要急著吃棉花糖！」

第一型父母是腳踏實地的一群，從小就堅信「一分耕耘，一分收穫」，更推崇「先苦後甘」的美德。在辛勤工作後，你才能允許自己可以適當地放鬆一下。「玩樂」這件事對第一型父母來說，是可以忍耐的；而「過度享受」則絕對是墮落的。因此，第一型父母也就傾向要求孩子一定要做完功課、或達到父母的要求後，孩子才可以去玩。問題是，學習是無止盡的，第一型父母的標準又特別高，長期下來容易造成孩子不快樂，甚至厭惡學習。

你可能對孩子造成的壓力

孩子不敢有不同的意見

第一型父母的迷思：「我很清楚我的教育方式是對的，孩子長大後就會明瞭我的苦心。」

孩子的潛力無可限量，甚至超乎父母的想像與經驗。所以，不會有父母知道什麼才是最適合孩子的正確方式。當然，第一型父母是極富理智、要求非常高、而且會反求諸己的人。所以，你絕對有正確的人生經驗可以與孩子分享。只是，要自我提醒的是，道理上的正確不等於情感上的正確，畢竟孩子還小，有可能承受不起過度嚴厲的態度。

而不同性格的孩子對於你的教導會有不同的反應：順從性高的孩子很可能就會壓抑自己的想法去迎合父母，而反叛性強的孩子則有可能不問是非地反抗到底。

因此，第一型父母要避免想要爭個正確的心態，而是在傳授你寶貴的人生經驗時，給孩子發展

自我想法的空間。

孩子疲於追求永無止盡的完美

第一型父母的迷思：「孩子還沒有完全發揮，他的表現應該可以更好！」

孩子需要被規範，但是，不一定需要嚴厲的紀律；在學習方面，更不適用於齊頭式的標準，畢竟，每一個孩子的天賦不同。第一型父母的教養挑戰在於：分辨什麼樣的失誤是人之常情？什麼樣的標準適合自己的孩子？而這一切都起因於第一型父母的自我要求過高。

其實，第一型父母本身也被高標準折磨了大半輩子，除了飽受自我批評的攻擊外，還得忍耐對別人的失望與憤怒。由於無法忍受「不夠好」，第一型父母期望自己能做得「更好」，也不自主的把高標準轉移到孩子身上。第一型父母必須先學習以慈悲的態度來面對自己，肯定自己是「足夠好」的家長，進而也就能夠以更寬容的心來教養孩子。

孩子在否定的氛圍下成長

第一型父母的迷思：「我凡事要求正確嚴格，怎麼可能會有錯？」

孩子必須在愛裡面成長，指責與批評都不是愛，那只是大人在失望之餘的情緒發洩。指正孩子的錯誤是必要的，但是，那應該是在充滿愛的氛圍下進行，也就是要以比較柔和與支持的態度去向孩子解釋，因為他行為上的失誤所產生的因果關係。

第一型父母是非常講究公平正義的人，尤其認為有錯就應該要改正。只是，在你指出錯誤的同時，內心潛藏已久的憤怒，會讓你的指正變成鋒利的批判。過於無情的批評，只會導致冷漠的回應，不論孩子聽從或抗拒了批評，都會撕裂親子關係。

同時，長期得不到讚美的孩子，很容易發展成過度逼迫自己或缺乏自信的人格。

第一型父母的停・看・聽

批評孩子時，請放輕聲調。

第一型人習慣理直氣壯地指出錯誤；同時，你有一種道德上的優越感，就是自認比別人來得負

責、客觀、或公平。第一型人的確是大家學習的典範，然而，如果能夠顧及孩子的性格差異性因材施教、選擇用適當的方式表達的話，那你就是百分百的父母模範了。

只是，在摸透孩子的個性前，不妨先調整你想要指正孩子時的口氣。當你想要對孩子諄諄教誨時，切記放低聲調、放緩速度，就算擠不出笑容也要提醒自己不要皺眉、不要瞪大眼睛。尤其不要落入要求完美的陷阱，孩子用自己的方式去完成某件事情，對他來說，成就感會愈大，自信心可以得到伸展。

故意在孩子面前犯點小錯。

不要被孩子的微小失誤所激怒，比方說，又忘了按照你的程序去做某一件事或字體寫得不夠工整、桌上的橡皮擦屑忘了處理乾淨、回家忘了先洗手……你可以提醒他，但是不必暴怒，更不必舊帳重提。因為那一切都無濟於事。孩子不會因為你的憤怒而誠心悔改，他只會對你的暴怒感到疑惑，甚至從此對你產生距離。

為了幫助自己從完美的桎梏中解脫，也為了拉近你與孩子的距離，第一型父母不妨偶爾在孩子面前犯點小錯，讓孩子自己去體會犯錯並不可恥可怕，下次盡量不要再錯就好了。

孩子會想知道，為什麼你總是在生他們的氣。

你為什麼這麼生氣？你有必要這麼生氣嗎？孩子對於你的憤怒態度通常都是敢怒不敢言，他們只是不明白自己到底犯了什麼天大的錯誤讓你這麼生氣？第一型父母得先認清自己內心的憤怒來源，其實是來自於自己不能變得更好的挫折感。

因此，請花點時間界定你的內在標準與你所認知到的外在期待之間的平衡點。這樣做不僅能夠幫助你自己減輕過多的責任感與壓力，同時，也避免你遷怒於孩子。當你發現內心又出現批判與比較的聲音時，那就是你的憤怒即將脫韁而出的警訊。

為自己和孩子放個假吧！

不要一輩子都在做應該或對的事，你已經夠好了。也許你關不掉內心批判的聲音，但是，你可以學習如何面對它。你可以選擇順應無窮盡的批判，逼迫自己和孩子馬不停蹄地追求完美；也可以適時地為孩子與你築起保護牆，不受完美主義的吞噬。

幫助你的孩子盡情享受童年特權吧！那就是一起找點樂子來做。此外，適量的柔軟體操或按摩能夠幫助你抒解長年累積的壓力，你的肩頸部分特別需要被照顧。

第一型父母

陽光面	陰暗面
自我改正的動力；自律與自省	缺乏彈性與人性的嚴厲標準；好批評
高標準；零故障	達不到標準而產生憤怒或自責
注重細節；理性思考	吹毛求疵
傳統美德；模範生	自以為人格無缺，其實情緒管理能力弱

第二型人

第二型父母

「我的付出，孩子應該知道。」

麗娜有兩個孩子，她和先生孩子與公婆住在一起。身為家庭主婦的麗娜照顧兩個兒子與公婆非常地用心，尤其疼愛兩個兒子。比方說，兒子想買什麼東西，只要是麗娜負擔的起，她很少拒絕。這一點常常被公婆囉嗦，因為公婆其實是很節省的人。但是麗娜都獨排眾議，她覺得孩子就是要來疼的。或許這跟麗娜小時候家境不好有關，所以，她特別希望孩子在物質上能獲得滿足。

麗娜希望兩個兒子能夠專心在課業上，所以平常不會讓兩個孩子做家事。每個週末，麗娜都會上傳統市場大採買，平常都有先生陪她。剛好某個週末先生不在，麗娜就拜託兩個兒子相陪。一開始，她覺得這真是幸福！孩子已經大到能陪她一起上市場。結果，沒想到兩個兒子居然對麗娜手提大包小包的菜視若無睹，兩個人人手一台小電動，邊打邊不耐煩地催促麗娜快點回家。

麗娜已經心裡夠嘔的了，沒想到在回家的路上，兩個孩子走得非常快，一心只想回家看電視，完全沒理會麗娜提著沉重的菜籃走在後面。麗娜再也受不了，她覺得這兩個孩子怎麼這麼沒有良心？平常她為孩子做牛做馬，卻換來孩子的不懂得體諒。麗娜當下覺得非常委屈，但是更多的情緒是生氣。她把菜籃往地上一放，大聲地罵兩個兒子，叫他們滾過來幫忙提東西。

麗娜忍不住想，是不是平常為兒子們做太多了，才會讓他們這麼好吃懶做？缺乏同理心？她很疑惑，為什麼孩子看不懂她的付出呢？

其實，你是這個樣子！

「我是孩子最好的朋友！」

你非常具有同理心，很能夠體會別人的感受或看出別人的需要。你希望自己是一個大方付出、成為被別人需要的人；因為那能夠安撫第二型人內心害怕變得自私的焦慮。

所以，第二型父母很難向孩子說「不！」因為你不想看到孩子失望的眼神。然而，深入內心的幽微面，主要是因為你本身非常注重人際關係。所以，你希望與孩子保持一個良好的互動。不過常常也因為想討孩子的歡心而犧牲了管教，容易溺愛孩子。

「別人的需要優先！」

第二型人從小就相信「我為人人，人人為我」，而且更認定犧牲奉獻的美德。所以，身為第二型父母的你，真的就像夏日的冰淇淋、冬夜的關東煮，總是想給孩子全心的照顧。

比方說，孩子還沒放學，第二型母親可能就已經在準備小點心了；或在校門口慈愛的等待孩子；知道季節即將要變化了，第二型父母很可能提早準備好換季衣服；快開學了，第二型父母通常還蠻早的就幫孩子張羅用品。

許多時候甚至孩子還沒有開口，第二型父母就先搶著去做。不過，往往第二型父母給的，並不是孩子所想要的。也有些孩子看準了第二型父母的「大方」，經常會軟硬兼施的要第二型父母滿足他們的需要。

所以，第二型父母一定要學會對孩子的付出適當地劃上界限。劃界限並不是自私的表現，而是幫助孩子獨立。讓孩子瞭解到，世界不是完全以他的需要為中心；很多事情是可以靠自己去完成，讓孩子從中磨練與成長。

你可能對孩子造成的壓力

孩子可能並不需要你的幫助

第二型父母的迷思：「孩子不見得知道自己要什麼，但是我知道。」

人生是一場獨一無二的旅程，精彩的地方就在於每個人看到的風景都不一樣。父母的人生經驗無法複製到孩子的身上，因為，孩子的個性、生長環境、時代背景……都不會與父母相同。如果我們硬是要以自己的角度去安排孩子的人生，那可能會像是一台配備最先進的電腦卻使用老舊的作業系統，許多新功能無法發揮。

當然，身為第二型父母的你極富愛心、會主動關懷別人。所以，你絕對會以孩子的利益為出發。只是，要自我提醒的是，你認為孩子應該需要的，未必是他真正想要的，甚至他可以自己處理這個需要。

所以，你不妨先停下為孩子東奔西跑的腳步，思考孩子究竟需要什麼，然後給予適當的幫助。

也許孩子只是在配合你的演出

第二型父母的迷思：「孩子的笑容就是我最大的回報！」

你總是下意識的想確認你的情感需要有沒有被滿足。第二型人傾向這麼思考：「如果我幫助別人讓他們成功，這些人一定會想到我或感謝我，這樣我就很開心了。因為，我會覺得自己的付出很有價值。」問題是，當別人成功了卻沒有想到第二型人時，人格健康度一般的第二型人就會特別感到落寞。

然而，並非所有第二型人能夠覺察到內心「想要被感謝」的慾望。畢竟第二型人是九種人裡自認最不自私的人。而少數的第二型人其實很清楚自己希望被別人認同，成為別人生命中重要的的渴望。

所以，你對孩子呵護備至，並且樂在其中。直到有一天，當第你發現孩子居然沒有將你視為「生命中最重要的人」、甚至沒有符合你標準的感恩之心時，這對你的打擊可想而知了。

此時，部分第二型父母，會從原本對孩子的無止盡付出、期待孩子的回饋與讚美；到最後非常失望的開始對孩子採取情緒性的手段，通常會非常激烈。用歇斯底里的態度來要求孩子就範，通常是人格整合度不好的第二型父母會做的事。

其實孩子是很真誠的，他們通常能看到父母的內在本質。很多孩子發現第二型父母是需要歌功頌德的，為了不讓第二型父母來煩他們，或不想讓第二型父母傷心，孩子們也許會選擇配合第二型父母的演出。

孩子失去學習自理的機會

第二型父母的迷思：「我都是為了孩子好，我會害他嗎？」

過度付出的第二型父母會剝奪了孩子獨立成長的機會。人格整合度不夠好的第二型父母，可能出現過分干涉的狀況。而當父母過分干涉孩子時，急於反彈的孩子是很難對父母有感恩之心。

而當第二型人無法得到感情上的滿足時，會選擇先繼續付出，同時還可能會責備自己做得不夠！但是持續付出一陣子後，當你發現孩子還是一樣沒給你預期的回饋時，你的心態很可能就會轉向責備孩子或埋怨孩子。

其他型的父母當然也會對孩子犧牲奉獻，只是第二型父母因為人格設定的關係，就是會比其他類型的人更不由自主的去注意孩子的需要。因此，在面對孩子時，第二型父母的付出往往是沒有設限的；但是在內心深處，十分希望能夠影響孩子的決定。

然而，每個孩子都會經歷自我成長的階段，也就是要有個人化的經驗。當父母干擾了孩子的

「個人化」時，個性比較強的孩子很可能就會反彈，甚至出現偏差行為；個性比較弱的孩子，通常會順著強勢的第二型父母，也就比較難發展出獨立健全的自我。

第二型父母的停・看・聽

別讓你的愛成為孩子的負擔。

第二型人在人格設定上有一個有趣的現象，就是除非你已經被對方忽略到生氣，不然你很難主動開口說出自己想要什麼。表面上的說法是「我儘量不要麻煩別人」、「我不想增加別人的負擔。」但是，更內心一層的糾結是，第二型人的原罪：「驕傲」在作祟。你就是沒辦法放下驕傲、請別人來滿足你的需要。許多第二型人都曾經分享，當要請別人來滿足自己的需要時，不知為何就會出現一種快要窒息的感覺。

我通常會鼓勵第二型人練習對家人慢慢地說出自己的需要。不一定得用「請幫我！」這樣的字眼；只需要告訴大家，你希望大家在某個家庭任務裡要分工做一些事情；或你希望某個家庭成員在某件事情上給你一個清楚的回饋。

所以，(1)開口說出自己的需要；(2)清楚的為自己劃下付出的底線。對第二型人來說，不僅在親

子關係上有幫助，甚至可以運用到其他的人際關係。因為你總是沒有底線的付出，但是大家都知道你是有底線的，因為你會抱怨，因為你會不開心。第二型人認為對某人提出自己的需要，很可能就會失去那個人的喜愛了。其實，若對方真的重視你，你主動開口說出自己的需要，算是幫了對方很大的忙呢！

許多第二型父母分享，一旦能夠直接對孩子提出要求後，與孩子的關係似乎更親近了。因為，一方面自己不需要再「假裝」無所求；另一方面，因為孩子能夠清楚的滿足父母情感上的需要，不僅孩子鬆一口氣，父母也不會再因為孩子的不瞭解而悵然若失。

為孩子付出前，請先拿掉你的期望。

第二型人從小就習慣透過別人對你們的回應來鑒定自我價值感。所以，當你成為父母後，你通常會把那些能夠幫助孩子成功或表現更好的領域，變成是自己的生活重心。比方說，孩子可能有演講的天分，那麼你會很積極的安排孩子上說話訓練班與相關活動，甚至全程陪伴孩子。

若要說深層一些，第二型人潛意識中期望，透過幫助孩子成功，好讓自己的付出被看見。

比方說，如果孩子在學校裡成了明星運動員，第二型父母逢人便會津津樂道那無數個下課後的夜晚，自己是如何陪著孩子辛苦的練習、或辛勤的接送孩子，讓孩子沒有後顧之憂的兼顧學業與才藝。

當然，我並不是要第二型父母停止對孩子付出，只是想提醒，在你付出之前，給自己一點反思的時間。究竟你今天為孩子做這些事，有多少成分是為了你自己？孩子對父母的種種反應是敏感的，有時候孩子會深刻感受到是父母想要這份榮耀，所以逼著他們去做一些事情。一旦如此，孩子便很難享受參與的樂趣與成就感了。

注意你喜歡討好別人的傾向

許多第二型人分享，曾經為了迎合重要的對象而改變自己。所以，許多九型大師們都稱第二型人是「變色龍」，因為第二型人會很本能地隨著你所接觸的人、或你重視的人來改變自己的形象。這麼做的最主要原因就是希望能夠贏得對方的認同。

當家裡有兩個以上的孩子時，第二型父母迎合別人的特質會更明顯。比方說，老大的個性活潑，第二型父母與老大單獨相處的時候，就會很自然的迎合老大活潑的習性：父母可能會表現得多話、爽朗；甚至如果這個活潑的老大不喜歡太文靜的朋友，第二型父母很可能會跟著附和。

而若老么是比較文靜、愛看書時，當第二型父母單獨與老么相處時，會霎時變得知識淵博起來。當全家人聚在一起時，如果第二型父母今天被比較活潑的老大所吸引，就會展現出刻意的活

潑。此時，一旁文靜的老么就會覺得父母怎麼變了？孩子一開始會覺得疑惑，久而久之，他就會覺得父母並不真誠。

所以，我通常會建議第二型父母，你若想成為一個更好的父母，很重要的一步就是要建立起你對於自己的認定，並且要堅守。好好想一想，在孩子面前，你究竟希望呈現出一個什麼樣的形象？甚至，你知道自己究竟是一個什麼樣的人嗎？

孩子需要清楚的界線

如果你希望孩子長大之後，不會把所有人對他的付出視為理所當然，那麼，你要及早在你和孩子之間劃下一個清楚的界限。這條界限的意義是：（1）讓你看清楚孩子究竟真正需要的是什麼？（2）給孩子有自我探索跟獨立學習的成長機會。（3）學習親子之間彼此尊重。

第二型父母每天要撥出一段時間來反思一下你與孩子的關係。尤其在做一些重要決策的時候，不妨退一步，讓你跟孩子之間有一點距離，看看你是不是干涉過多、擔心太多、或管太多，讓孩子沒有機會去學習呢？你有以孩子的立場去思考嗎？

孩子對你開始設下底線或許會有所反彈，畢竟以前你都幫他準備好的事情，怎麼現在開始做得少了？不妨告訴孩子，因為你需要一點時間去做你自己的事。有些孩子可能還是無法理解，甚至與你有衝突。此時的第二型父母一定要堅守立場。要記住，劃下這個界限，主要是讓孩子有學習成熟的機會，幫助他們更懂得為自己負責，而不是成為將一切都視為理所當然的惡魔孩子。

第二型父母	
陽光面	陰暗面
利他主義；對家庭犧牲與奉獻	炫耀自己的不可或缺性
同理心；擅長情感連結	情緒勒索；索討回報
挖掘潛力；支持孩子發揮所長	對喜歡的孩子特別好；偏心
溫暖熱情；精神支柱	操控性強；以愛之名

第三型人

第三型父母

「如何能讓我更稱職？」

薇琪是一個很有能力的母親。她非常活躍、精力充沛、積極參與孩子各生活層面的事務。薇琪有一對七歲的雙胞胎女兒；一個十四歲讀國中的兒子。她還兼職做行銷企劃。夾在這麼多的任務當中，薇琪表現得如魚得水般的輕而易舉，送孩子上課、做家事、買菜、煮飯，還要找時間做行銷報告。薇琪甚至也在孩子的兩所學校家長協會中，擔任非常重要的工作。

結婚前的薇琪任職於廣告公司，一副明日之星的姿態。結婚之後不久，大兒子出生，她就改任兼職。但是，就算是在家裡工作，她通常也是把家庭的事務排在第一位。早上先送孩子上學，打掃家裡後，她才開始專心地做廣告公司的工作。

目標導向的薇琪很懂得發揮自己的優點，也常鼓勵家人去發揮他們的潛能。薇琪習慣帶領著全家前進，一一完成她預計要達到的事情。薇琪自認組織能力很強。因此，她會為每天、每個禮拜制

定很多的計畫。薇琪通常是先設定她想要達到的目標，然後再思考如果要達到那些目標，孩子或先生應該要做些什麼樣的準備與學習，好讓他們能完成他們的任務，最後可以達到她設定的目標。

青春期的大兒子開始挑戰薇琪的想法。大兒子不願意薇琪幫他安排所謂的「寓教於樂」的娛樂方式。這一切起因於大兒子很喜歡打電動，但是薇琪不能接受。因為薇琪認為，打電動跟打瞌睡都是無益的，那太浪費生命了！

經過幾次劇烈的衝突後，薇琪開始調整她對大兒子娛樂方式的安排。她不再一味禁止大兒子玩電動，因為她發現，她的嚴厲禁止，大兒子反而不再跟她親近。薇琪覺得被孩子疏離，是當母親的一個很大的失敗。

然而，對第三型人來說，承認自己的失敗是一件困難的事。當薇琪跟我談到她與兒子之間的衝突時，她自己有一番解釋。她說：「也許我的方式並不適合他。從這幾次的衝突中，我學到一些不錯的經驗，這會讓我對於下面兩個雙胞胎妹妹的教養方式，有更多的konw-how。我不會讓這一次的失敗經驗，發生在我兩個女兒身上。」

薇琪的個性比較急，偏偏兩個七歲女兒都是慢條斯理型。她們從不急著去完成薇琪規定她們的事情，即使薇琪搬出處罰或獎賞，兩個女孩仍舊照著自己的節奏。薇琪開始有些擔心了，她覺得孩子的動作這麼慢，如果不及早糾正，將來她們怎麼跟別人競爭！

其實，你是這個樣子！

「我不想浪費時間！」

第三型人習慣透過完成家人的期望來與家人連結。此外，第三型人期許自己成為一個Role Model，成為別人的典範或學習的對象。第三型人在任何領域，都希望自己呈現出來的是一個「萬能者」的形象：自信、幹練、效率、專業；要像一位領導者一般的掌控全局。

第三型人特別重視有沒有搶到最先發的位置；或自己是不是一個很成功的人。這兩個因素對你來說是很大的驅動力。因為第三型人的人格設定是：「只要我有卓越的表現，我就可以獲得大家的認可；有了大家的認可，我的付出與努力就非常值得！」

所以，第三型人的做事風格是積極、催促別人向前的。你會很直接的切入某個重點，然後將想法化為行動，不會有太多的猶豫與妥協的。光想與光說卻不做，在第三型人看來，都是在浪費時間！第三型人的「快速與效率」，對於那些內心裡比較容易懷疑或特別謹慎的人，就會產生一股壓力。

第三型人是全自動的工作機器，因為你不喜歡、也不會被自己的或別人的情緒所困擾。尤其在你即將要達成任務的時候，個人因素絕對不被接受。

第三型人透過不斷的行動與活動來感覺到自己的掌控權。因此，第三型父母通常很難忍受動作太慢的孩子、或做事不按照計畫的孩子，或做事之前沒有先設想好後果的孩子。

「什麼方法都好，只要能解決問題！」

第三型人是溝通高手。你會在與別人進行溝通之前，先設定此次談話的目標，並盡量塑造氣氛，然後一步一步的引導對方，讓談話達到你想要的結果。第三型人最常使用溝通概念就是：「這個方法我用過很好，我相信應該也適用於你。」

在溝通的過程當中，第三型人會不斷的調整聲音或所用詞彙，甚至還會看場合，適當的表達某種情緒。比方說同理心、關懷或憤慨等，還包括得宜的肢體語言。

第三型人做這些努力，最重要的就是希望聽眾們能夠「買單」，願意接受第三型人所要傳達的訊息。因此，也許身為第三型父母的你本身並不自覺，但許多在第三型父母教育下的孩子曾經分享說，他們有時候會覺得父母有一點虛假或虛偽；在父母和顏悅色或看似支持的外表下，其實隱藏著的是希望孩子能夠照著他們的意思去做。

你可能對孩子造成的壓力

孩子的感覺被忽略。

第三型父母的迷思：「我決不會讓不相關的事情干擾孩子讀書！」

第三型父母認為自己應該要多激勵家人，你會經常鼓勵孩子要有目標、要成功。因此容易忽略了孩子內心的情感或感受。比方說，孩子有沒有自己的想法與喜好？孩子達到要求的同時，是快樂的？委屈的？還是感到憤怒的？

只要是第三型父母認定要做的事，自己就會拚命去完成，但沒考慮到孩子是不是也有同樣的能力去做到。第三型父母對自己的要求就是凡事求好、求表現；你也會一直全力的推動孩子追求成功。但是，當孩子覺得自己的能力不夠，甚至因此感到挫折時，許多第三型父母可能會有意或無意的不太去理會。因為，第三型人會認為適當的壓力是必要的。但是，孩子內心的失望與孤單，很可能會造成親子關係的隔閡。

第三型父母對孩子期望相當高，因為你會把孩子當成是自己的延伸。因此，你容易給孩子很大的「成就壓力」。而孩子除了感覺到巨大的壓力之外，很可能感受不到父母的愛與溫情。因為親子之間變得很少談心事，談的都是學業上的表現而已。

很多父母是第三型的孩子都這麼分享，覺得自己好像是父母的「作品」；感覺父母是為了一己的榮耀，來逼迫他們努力。當孩子做的不好時，他們第一個考慮到的也許不是自己的挫折感，反而是考慮到第三型父母的面子。如此，孩子內心會產生恐懼，甚至羞愧感。只是第三型父母因為人格盲點的關係，常常看不到孩子如此的情感變化、或成長的掙扎等等；甚至有些第三型父母不願意接受自己教育出失敗的孩子這個事實。

因此，第三型父母應該要避免等到孩子有好表現或有成就的時候，你才表現出高興或讚美；而是要讓孩子感受到你無條件的愛。不論孩子今天考第一名或墊底，你永遠都支持他們。

孩子的問題被拖延。

第三型父母的迷思：「我的孩子怎麼可能是問題學生！」

第三型父母喜歡在大眾面前保持鶴立雞群、優秀傑出的形象。在這種心態之下，你傾向專看事情的正面，甚至會誇大這個正面的感覺，而忽略其他負面的事實。因為這是你保持內心成功感的方法之一。

第三型人的盲點之一就是不願意承認自己是失敗的。在情不得已的時候，第三型人還會自我

欺騙，把自己的失敗包裝成「這一次我學習到了某個經驗！」；或「這是因為別人的錯，我才會失敗！」第三型父母很容易把「我很棒，我不會失敗！」的這種態度投射在孩子的身上。常常就會忽略了孩子的真實狀況，而硬說他們是很好的或沒有問題的。

例如，當孩子出現過動或過於調皮的表現，部分第三型父母會逕自解讀成：「因為我的孩子比較積極、活潑、主動」；而不願意接受「孩子或許有問題」的可能性。當第三型父母不肯面對現實時，常常就會延誤幫助孩子的時機。然而，有時候是孩子故意製造某些問題來引起第三型父母的注意，希望過度注重外在表現的父母能夠開始關注他們內心的想法。

我經常遇到的情況是，孩子在學校其實是問題學生，可是第三型父母不願意承認；甚至當學校來通知家長時，第三型父母還會指責學校。追根究柢，第三型父母比較不擅回應孩子在情感方面的脆弱或需要，因為，你對自己的感受也可能採延遲處理。你認為孩子應該是要像你一樣，堅強、自信，而且是成功的。

孩子疲於追趕父母的腳步。

第三型父母的迷思：「你不可以讓我丟臉！」

第三型人非常努力、積極、勤奮向上；你希望孩子也能夠有相同的特質。一般第三型人對自我形象相當在意，會盡量讓自己看起來自信又幹練。或許穿著不是特別時髦，但是一定有某種水平或品味。而你也會要求孩子的穿著不能夠太隨便，一家人才能「匹配」。

通常第三型父母會幫孩子定下很多目標：短期、中期、長期；甚至連孩子的休假日也有學習目標。當你看到孩子做事缺乏效率時，你習慣會緊盯著孩子，然後一步一步，很仔細但也會很沒有耐心的去指導孩子要怎麼做事情；甚至對另一半也是如此。

因此，第三型父母要提醒自己，孩子與你有不同的個性，他們有自己做事的步調。不要認為那些動作比較慢、或效率比較低的孩子就是在浪費時間。同時，請給孩子多一些自主的時間或機會，讓他們學習自己去安排時間，只要他們能夠完成被指定的事情。第三型父母在某些時候應該要放寬對孩子的要求，尤其是做事的方法。

第三型父母的停・看・聽

陪伴孩子時，請專心。

第三型人可以說是萬能型的父母與配偶。你就像是家人的生命教練，永遠會在遇到困難的人身旁，提供解決方案、幫他們搖旗加油。就算你自己不懂，也會想辦法找到解決問題的辦法。你每天最主要的工作就是去符合周圍人的期待；希望每一個人，包括你自己，都走在你預想的道路上。而當夜深人靜的時候，你已經沒有力氣去想關於自己的感受與感覺。

第三型人對自己計畫中的事情非常專注，尤其是工作。許多孩子都曾經分享，即使第三型父母就在身邊陪伴他們，他們仍然能夠感覺到第三型父母在分心想著工作。因此，當第三型父母發覺你正在手上做一件事、但是心裡想著另一件事時，要提醒自己放慢腳步！

最常發生的情況就是，你平常很有耐心教孩子寫功課，因為你認定了：「我目前要做的事，就是要督促孩子寫功課。」然而，過了幾天，你心裡在想的是明天公司的提案，可是當下又得陪孩子寫功課時，此時若孩子的動作稍微慢了一些，你很快就會失去耐心，出現急促的口氣或冷漠的態度，這會讓孩子很受傷。孩子會強烈感覺到，此刻的自己是你的負擔，你根本不想陪伴他們。

此外，第三型父母通常不是很好的傾聽者，因為你會自動刪掉你不想聽的、負面的批評。而對你的正面評價，你倒是會牢記在心中，甚至會自動放大光環。所以許多第三型父母常分享，當孩子向他們抱怨沒有被認真傾聽時，這些第三型父母一開始感到很冤枉，因為自認有花時間和孩子做溝通，為何孩子仍如此抱怨？其實，這就與第三型人習慣的「單向溝通」有關。因為，當孩子訴說心事或困難，甚至是他們對父母的抱怨，第三型父母會自動刪掉，甚至會把孩子的抱怨包裝成自己能夠接受的說法。

所以，當在與孩子對話時，如果你不是那個正在說話的人，請一定要提醒自己專心地聽孩子說話。不要當孩子說一些與功課沒關係的話題時，你就自動地封閉耳朵，腦子裡只想著等一下應該去做些什麼事情；或想著等一下應該要如何利用剛剛的話題去激勵孩子。

讓孩子以他自己的方式完成任務

第三型人希望自己是能夠主導狀況或瞭解大部分情況的人。為了取得領導權，第三型人會很積極的去做事情，為的就是要建立別人對你的信服力。

一旦第三型人鎖定目標，你會搜尋捷徑，然後快速行動。只是，這雖然是第三型人的天生潛質，但也是一個很大的生命課題。第三型人過度重視效率，會讓周圍的人感到龐大的壓力。因為，並不是所有的人都習慣一直被別人提醒：「做這件事，你應該要用什麼方式會更好……」對孩子來說，甚至是一種自信的慢性摧毀。

比方說，你可能會縮短自己的洗澡時間，以挪出更多的時間做家務、陪孩子、或加班。因為你會覺得洗澡只是讓自己清潔的一個過程而已，寶貴的時間可以拿去做其他更有產值的事情。但是，對一個正在念小學一年級的孩子來說，洗澡也許是他一天當中很享受的時光。於是，你可能會一直催促孩子快一點、再快一點，甚至孩子如果想多玩一會兒，都會被你責罵動作慢，然後牽拖出：

「你就是常常這麼動作慢，所以你會遲到，你會什麼事情都做不好！」只重視效率的要求，也常常會剝奪了身為孩子的樂趣。

所以第三型的父母要學習放手，在一旁休息，好好地看看，這個世界並不因為沒有你的插手而變得不夠好，甚至可能出現意想不到的收穫。沒有你世界還是照樣在運作，孩子還是一樣能完成工作，只是按照他們自己的方式、累積屬於他們自己的體驗。

別讓孩子成為追求表現的機器

凡事都要成為第一，這是第三型人格的設定。然而，在我所接觸的許多父母是第三型的孩子，他們在童年曾經會有一段時間，懷疑過父母可能並不是那麼愛他們。尤其當他們很努力地想要達到父母的期望時，更覺得父母看重的只是他們的表現。

當然，有很多第三型父母覺得冤枉，抱怨自己從來沒有開口要求孩子一定要成為那個第一個考第一名的，或第一個被老師讚賞的，或第一個舉手發問的。我通常會反問第三型父母：「你們嘴上雖然沒有說出來，但在心裡面是這樣期望的吧？如果孩子能夠做到，你們是不是會更高興呢？」第三型父母會不自覺的、或有自覺的，在言談之中特別去誇讚那個有達到你期望的孩子。可能是家中其他的兄弟姐妹，或親戚鄰居的孩子。

第三型父母自認是在拋磚引玉，但是對孩子來說，每天被這樣「唸」的時候，自然就是一種無形的壓力。尤其當孩子很努力嘗試，卻仍達不到第三型父母的期望時，孩子會感到非常挫折，甚至憤怒；孩子的自尊心必定受損。

因此，第三型父母應該把你對成就的注意力，轉移到對孩子日常感受的關注。你不妨可以多問問孩子，今天在學校快樂嗎？與同學相處的狀況、開心的事情……不要只關心孩子在學校的學習與表現。尤其當孩子與你分享一件開心的事情後，不要馬上又轉移到功課或表現上面。而是很單純地與孩子一起分享他們內心的感受就好；專心傾聽孩子在說些什麼，並且針對談話裡面孩子比較有情緒與感受的部分做出回應與關心。

第三型人希望自己的家庭是美滿幸福的典範：先生有好工作、太太美麗賢慧、孩子出眾……第三型人比較難接受家裡成員「不夠優秀」。給第三型父母的建議是，當某一個家庭成員出了狀況，首先不要批評你自己！也不要先認定那個成員就是一個失敗者；甚至將他的失敗看成是你的失敗。每個人有自己生命中要學習的地方，各人有各人的資質與潛力。當你能夠放下得失心時，你就比較能夠以寬容的態度，去接受、去面對，因為這個成員所帶來的家庭困境。

第三型父母最重要就是要學習面對失敗這件事。尤其是在孩子的教養方面。第三型人習慣把孩子的失敗，看成是自己個人的失敗。第三型人應該要學會理解，沒有人能夠控制所有的事情，你並不一定每件事情都要做到那麼成功。

孩子是幫助你開啟內在的天使

第三型人希望自己看起來是非常樂觀而且精力充沛的。你很少停頓下來，喜歡馬上採取行動；你也不想被情緒干擾，總是優先去執行任務。對你來說，能夠付諸實行的事情或能實際幫到自己或別人、為目標而做的事情，才是有價值的。第三型人不喜歡枯坐煩惱，那會讓你有一種強烈的無力感。

然而，家庭裡面的互動常是被情緒所牽引的。由於第三型人不喜歡自己受到情緒的影響，擔心因此失去行動力，沒有辦法幫助這個家渡過難關。因此，當家庭遇到低潮或危機時，你會表現的比一般人無感或稍顯冷漠。其實，第三型人也是人，一樣會有情緒起伏，只是第三型人選擇不讓自己受影響，因為當務之急是要先解決問題。

只是，即使第三型人自以為已經收拾好自己的情緒，其實家人都能夠感受到你的壓抑；他們看見了你的好強，或刻意避開不談情緒。這對家庭裡的能量連結來說，就像是隔上了一層薄膜。家人會覺得，當整個家遇到困境的時候，你是難以進入、難以觸碰的，甚至你是有事情瞞著他們的。這對日後家人的相處並不是一件好事，因為這多多少少會帶來不信任感。

其實，孩子是上天賜給我們最天真無邪的禮物。他們沒有複雜的心眼，也不會想著下一秒我應該要去做些「有用的事。」尤其，他們對父母的愛也是無私的。其實，第三型父母可以學習信任你的孩子，學習允許讓自己內在的感受，在孩子面前表現出來。你不必事事都得要裝堅強能幹，或什麼都懂、什麼都會，你也有能力不夠的時候，這些「不好意思」不必害怕讓孩子知道，因為你們是一家人。

不要忘了，父母通常是孩子模仿的對象。不願意碰觸自己內心負面情緒的父母，一定也會影響到孩子，他會不懂得如何去碰觸。這樣很可能會產生兩種結果：一種是你養出來的孩子，可能是一個缺乏同理心的人。另一種則是，孩子其實是有非常多的內在情緒與感受，可是他發現父母並不能體會，於是他會慢慢切斷與父母在情感上的連結。當他在父母面前，就會變得陽奉陰違，或只做一些表面上的往來。在內心深處，這份親子關係是永遠沒有辦法連線了。

第三型父母

陽光面	陰暗面
激勵人心；以自己做榜樣	硬拚成為模範父母；維持完美家庭的假象
高效率；擅長計畫與執行	犧牲感受；不與孩子分享負面的心情
自信積極；努力不懈追求目標	好勝，無法接受孩子的失敗
天生領袖氣質；讓孩子感到安全	目標導向；難以忍受不符合要求的孩子

第四型人

第四型父母

如果時光能夠倒流

修仁是一個好父親，至少他的孩子是這麼跟他說的。只是，修仁對孩子總懷抱著一些遺憾。他常說：「在陪伴孩子成長的過程中，我享受了很多快樂的時光。但是，如果在他們8歲那年的夏天，我能夠多陪陪他們，那我心裡應該會更開心、更踏實些！」其實修仁花很多時間在陪孩子，至少在旁人眼裡是如此。但是，修仁就是常感嘆流失很多可以製造珍貴回憶的機會。

修仁想起在孩子唸小學的時候，有一次央求修仁可不可以多放幾天假，陪他們去露營。那時修仁因為忙於公事，沒有答應孩子。這麼多年來，修仁還記得當時孩子們殷殷期盼與失望落空的眼神，他想到就很懊惱。甚至他會跟太太說，他很後悔當初在孩子年紀小、很有童心的時候，他卻跟孩子談工作壓力很大，或賺錢不容易，甚至還與孩子規劃他們長大念大學的時候，可能得申請助學

貸款，將來或許還需要創業基金……修仁每每想起這些事就忍不住責怪自己。他非常後悔當時沒有多聽聽孩子想聊什麼，而不是都聊一些自己的煩惱。

修仁分享了有一年過父親節的經驗。那一次修仁特別提醒孩子：「不要緊，每天都是父親節，所以你們不用特別準備什麼，不需要跟著廣告商起舞。」修仁在說這一番話的時候，是真心覺得不必拘泥這種節日。但當孩子在父親節那天真的沒有任何特別表示的時候，修仁卻感到強烈的失落，表現得鬱鬱寡歡。他說，他也沒料到自己會如此在意。只是當他看到其他的父親都有一些特別的招待但是他卻沒有時，那種不舒服的感覺讓他心情鬱悶了一整天。

修仁一直很懊悔的是，他當初忽略了兩個孩子在個性上的差異性，以及個人都有自己的獨特性。所以每次跟孩子相處，有可能著重了其中一個孩子，就會忽略了另一個孩子。

其實，當兩個孩子進入叛逆期的那段時光，修仁心裡也是非常痛苦；因為有工作的壓力，還有與孩子相處的壓力。所以那段時間內，修仁花很多的時間與他的太太做情感上的分享。因為他的壓力很大，他必須要有一個出口來抒解壓力。然而修仁說，當他的生活中有壓力時，會覺得在情感上特別有一種要被撕裂或失去自我的感覺；他疲於應付周圍的人投注在他身上的情感訴求或情緒反應，沒有時間沉澱自己。對別人情感的訴求，他也沒有辦法發自真心地回應，但是他又必須要很快地做出回應。這不僅讓他覺得自己好虛偽，也讓他快感覺不到自己是誰了。

修仁一直很希望自己是一位能夠大力支持孩子的父親。所以，平常如果他已經替全家安排好出遊計畫，但是若有孩子臨時起意想去另外一個地方玩。望著孩子為了夢想而迸發出的熱切眼神，修仁認為身為父親就應該要幫助孩子實現這個夢想。

然而，當旅遊結束返家後，修仁又對臨時更改行程感到懊惱。因為他覺得好像失去了自我；原來自己的想法沒有了，原來自己苦心的安排不見了，或不受孩子的欣賞……這些細微的挫折感、沮喪感，在修仁的心裡其實是在累積的。

你一定也可以感覺到，第四型的修仁給人感覺總是比較憂鬱的。我和修仁的孩們聊天，孩子們都說爸爸不僅僅是憂鬱，甚至有時候覺得和爸爸聊天，就像在進行「沮喪度比賽」——這件事情的沮喪度有沒有比另外一件事的沮喪度多。因為修仁每次在描述事情的時候，總是會著重在比較讓人難過的部分，而且好像在把兩個事件做一個難過度的比較。

平心而論，修仁已經算是一個很注重孩子發展與教育的父親，但是他三不五時還是忍不住羨慕其他的父親。為什麼其他的父親有更多的時間可以陪孩子？或為什麼其他的父親就會比較有錢，能夠每年定期帶孩子出國？甚至是其他的父親好像比較有辦法，能夠讓孩子進入一些優異的班級或更好的學校。

聽到修仁這麼分享，連我也忍不住在內心感嘆起來。其實，第四型人的嫉妒心，正是讓他們覺得自己比不上別人的一個很主要原因哪！

其實，你是這個樣子！

家人就是要坦誠相待！

第四型的你喜歡透過情感上的連結、心事的分享，來與家人互動。因為你通常是透過豐富的情感種類與層面來表現自我，藉此感受自己是很特別的，跟別人不一樣的。

第四型人獨特的創造力與感受力，讓你比其他人容易感受到事物更深的意涵；同時，你也是帶著這樣的感情深度和周圍的人互動。

第四型人往往過度執著在表現個人的情緒與感受，你覺得這是真誠的表現。而對於那些無法在第一時間表達內心感受的人，你會認為對方「不真誠」，甚至在自我欺騙或自我壓抑。

第四型人認為家人之間就應該要真誠以待，而你確實也都是很直接的告訴家人，你不喜歡家人的哪些表現，或你對家人生氣的地方。可是如果當家人指出你有哪些缺失時，你卻很難接受。

所以許多第四型人的家人們抱怨：「他們口口聲聲說要真誠以待，可是他們卻是最沒有辦法聽進真話的人！尤其當這個真話是在指出他們的缺點時！」

其實，看似孤高的第四型人，是很期待各種關係的，不僅是親密關係、家庭關係、友情……甚

至包括人生的各個領域，你都希望是很感性，很有感覺強度，甚至是很唯美、浪漫的；或一個很真實、很真誠的關係。最好要能夠具有戲劇化起伏轉折，因為你並不喜歡平凡。

第四型人很容易受到情緒的影響，對人的熱情度也就時冷時熱。如此與人相處的方式，會讓周圍的人感到很疑惑，甚至會覺得受傷。尤其是心智單純的孩子。孩子搞不清楚今天我到底做對了什麼事情，讓第四型父母這麼高興；或我今天做錯了什麼，讓第四型父母看起來這麼的不開心。其實很可能孩子的表現都是一樣的。第四型人很容易把自己的情緒表現在外，但又自以為隱藏得很好。

人生應該要過得豐富而精彩！

第四型人期望人生要過的「很有溫度」。其實，在你心中通常已經有一個理想的人生藍圖，希望過著什麼樣的人生。第四型人容易記住的是那些讓你有強烈感覺與感受的事情；對於日常生活中的瑣事，你常常是不太經心的。所以，我常說第四型人常常強調要真誠、要找到自己，但卻是最不容易活在當下的一群人！因為當下總是讓第四型人感到很多的懊悔。「要是我當時能夠好好把握就好了！」、「我真希望我也能像對方一樣，有那樣的生活！」此時此刻，對第四型人來說，總是充滿著許多懊悔，或者是充滿著許多期待。

第四型人希望自己的生活是充滿變化性的，讓你可以強烈感受到活著的感覺。這與第七型人嚮往的豐富刺激不太相同。第七型人追求的，是快樂的高峰；而第四型人希望品嘗的是人生百態，誠實的感受人生的喜怒哀樂。當第四型人的生活開始變得像例行公事一樣時，第四型人會不自覺地想在生活中創造出一些高潮。

而第四型人最常創造高潮的方式就是透過情緒。所以當第四型人特別情緒化時，很可能是因為對目前生活中的某個面向感到厭倦。如果平常家裡的氣氛是一派和樂，那這個感到厭煩的第四型人就會為自己披上一層比較傷感的色彩，傳達「我今天和平時不一樣」的訊息。至於讓他傷感的原因，很可能只是生活中一件極小的事情，只是為了製造高潮的第四型人把它放大，好讓自己沉浸在那個傷感的氣氛當中。

第四型人習慣用情緒來創造生活中高低潮的方式，容易帶給孩子很不穩定的感覺。畢竟孩子仰望的是性格穩定的父母，而不是常常讓他們心情起伏劇烈的「雲霄飛車父母。」

你可能對孩子造成的壓力

不要把孩子當作訴苦的對象

第四型父母的迷思：「我和孩子之間無話不談。」

第四型父母的情感很細膩，但是，你在許多時候其實是過於敏感的。也正因為你的敏感，你特別容易感受到別人情感的變化。所以，當孩子心情不好時，可能孩子都不用說什麼，你已經感覺到了。這是第四型人的天賦，你很容易就與孩子建立一種情感上的聯繫，很懂得孩子現在是為了什麼難過或開心。因此，你很希望自己在情感上對孩子做呵護與支持，回應孩子在情緒上的需要。

有時候，第四型父母因為過度敏感，連帶的過度地關心孩子的情緒變化。或許孩子只是稍微幾天不開心，第四型父母就擔心是不是有憂鬱症？擔心孩子要是長期都這麼負面，要如何健康成長？。所以在我的諮商室裡，很多會主動帶孩子來做人格檢測諮商的，很多是第四型父母。

除非有特殊情況，不然我通常會建議第四型的父母再觀察一段時間。因為第四型人非常想與孩子像好朋友一樣的分享心事。可是，第四型父母容易因為當時過度地想要瞭解孩子內心的想法，而沒有注意到時機。也許在那個當下孩子並不想說什麼。第四型父母不要因為自己在那個時候很想敞開，就希望孩子也要跟著一起敞開。

對孩子的成長與人格發展來說，適當地保持自己個人內心的隱私或個人感受，是非常必要的。第四型父母不要把自己的情感重心都放在孩子身上，這會讓孩子負荷超齡的情感壓力。

如果孩子的個性是比較外向、勇於表達自我的，那麼，孩子可能會因為不想承受第四型父母加諸給他的情感壓力，而開始反抗父母。這會讓第四型父母誤以為孩子不愛父母。而如果孩子的個性偏內斂、不擅長自我表達，這時候第四型父母加諸在孩子身上的情緒發洩，會讓孩子更壓抑鬱悶；因為孩子連自己內心的情緒都沒辦法抒發了，還要承擔父母的。

尊重孩子想要平凡的心

第四型父母的迷思：「沒有人喜歡和別人一樣！我要幫助孩子變得與眾不同！」

第四型父母喜歡自己有獨特的性格、氣質、與風格品味。我常看到一些第四型父母很捨得花錢為孩子買設計師品牌的衣物用品。其實，注重自我表達的第四型父母一般都非常尊重孩子的獨特性。所以，在第四型父母的帶領下，孩子都蠻能活出自我或去做自己想做的事情。

問題是，如果孩子並不想做一個特別的人，比方說，第九型的孩子。這時第四型父母就會覺得很挫折了。因為第四型父母期望看到的，是孩子能夠發展自己的獨特性，最好能夠盡量的地展現自

己的獨特。可是偏偏第九型孩子寧願抹去自己的獨特性，在團體裡面安分守己的當一個小螺絲釘。

喜歡情感強度與變化的第四型父母對於個性比較木訥的孩子，很可能會感到失望，甚至有困難去喜歡「不特別」的孩子。有些第四型父母會強迫孩子要變得特別，甚至會因為孩子的不願意特別而責怪孩子。第四型父母請瞭解，「找到獨特性、發揮自我」是你的人格主要設定，但是，對其他類型的人來說，那不是這最重要的事。

第四型父母要意識到你人格上的一個陰暗點，那就是當你覺得自己不夠特別或最近有點無聊、缺乏意義、感受不到自我價值時，你習慣去找或創造很特別或有強烈感覺的經驗，來填補內心的空虛感。所以，當你發現孩子令你感到沉悶，或孩子不特別的時候，你會不自覺地想為孩子安排更多很特別的事物。其實，不要因為害怕平凡、平淡、空虛，而一定要為自己與孩子創造變化，這純粹是你人格上的恐懼而已。

管理好你的情緒

第四型父母的迷思：「我不喜歡偽裝我的感受！」

情感豐富又敏感的第四型父母對孩子的一舉一動都會很認真的回應，而且會充滿感性跟感情的與孩子互動。只是因為第四型父母太容易受情緒的影響，常常會把自己的情緒投射在與孩子的溝通交流裡。

第四型父母很在意別人的看法，如果周圍的人對第四型父母本身或對孩子有負面的批評時，第四型父母很容易感到失望低落，有時候會把情緒遷怒到孩子身上。

我通常會建議第四型父母，當你在教育孩子方面感到有些氣餒時，不妨找家人或孩子來對證一下。你可以把自己感覺到做的不好的地方告訴家人，然後聆聽家人的看法或對你的想法。如果聽到好的，這可以幫助你重拾信心；但如果聽到不好的，你應該把它當做改善親子關係的機會。直接求證，絕對比默不吭聲然後沉溺在自認為沒有做好的心態裡，要來的健康而且有幫助。

第四型父母的停・看・聽

不要以為每件事都針對你而來

第四型人總認為自己比別人能夠更深入地去體驗生命，因為你是透過這樣的方式來感受自我的獨特性。你的感覺天線是二十四小時全開，主動去感受與解讀發生在你周圍的一切事情。只是，當你以為從別人的言行舉止中解讀出他們想要傳達的意思；但是這很可能只是你的主觀認定。

第四型人是活在自我感覺裡的人，你常常會以自己的感受，去詮釋別人的行為。由於你是以自

己的立場與認知去解讀，因此，你很自然的把自己放在舞台的中央，認為別人的言行舉止都在針對你。尤其是與你愈親近的人，你愈認定對方的言行舉止一定與你有關係。

曾經一位第四型母親分享，她常常因為兒子的一些冷漠回應而感到傷心。她常常跟兒子談心事，兒子有時候有反應，但是大部分的時候是沒反應的，她會因為兒子沒有反應而感到很難過。因為她認為那是因為兒子不想瞭解她，或兒子故意把溝通的管道關起來，要讓她傷心的。其實，敏感的她把注意力都放在自己的感受上，卻沒有想過，兒子也有自己的情緒起伏，很可能當時他沒有談心的心情而已。

第四型人把「自我」看得非常重，你的思考角度也都是從自己出發。所以，你在與別人互動時一定要提醒自己：「不要凡事都以你主觀的認定去解釋。」

來看一個實際的練習。當你很熱心的想與孩子分享某件事，可是孩子卻反應比平時冷淡時，首先，請不要急著認為這個冷淡一定是因為你而來。你不妨先自問：「我今天在跟子孩溝通的時候，我的情緒是怎麼樣的？而這個情緒是因為跟子孩溝通後才發生？還是在這之前，我已經出現不好的情緒了？是不是因為這個不好的情緒，所以我才想找孩子聊天？」接著，再從孩子的角度來自問：「孩子今天在學校是不是發生了什麼事情？還是他馬上要月考了所以沒心情回應？又或本來好好的，直到跟我談話時才臉色轉壞？」對於愛主觀解讀得第四型人來說，勇於對質並釐清真相，絕對比一個人關門瞎猜要好得多。只是，別忘了在與人對質的時候，不要又掉入自己單方面解讀的盲點！不然，原本可以幫助釐清的對質，卻又成為你不悅的引爆點。

停止懊悔，活在當下。

第四型父母就像天下父母一樣，都希望他孩子的生活完美幸福。但是，第四型父母卻多一些美好的、甚至是有點不切實際的期待。

曾經有一位第四型父親分享，他會想辦法讓孩子永遠都非常快樂。但是，快樂很難用明確可見的指標去衡量。因此，這位第四型父親總覺得別人家的孩子好像比較快樂；而他自己的孩子好像永遠都沒有辦法如別人家的子孩那樣，享受父母給的優渥條件。這時第四型人慣有的嫉妒心會升起。然而，有了嫉妒心，相對的是懊惱的心：「為什麼自己沒有能力帶給孩子和別人一樣的幸福呢？」

第四型父母很重要的一課，就是要幫助自己成長。不要再比較，比較會帶來嫉妒，嫉妒心會讓你懊惱，讓你懊悔。第四型父母首先要開始發展你內心的平靜感。一個很簡單的方式就是：開始安於你目前的生活，安於你目前的狀，甚至也可以說安於當下這一刻，安于平凡。想辦法從日常生活的小事中，找到讓你驚喜的部分。也許你可以嘗試去一些傳統菜市場買菜，不用再跑到一些很高級的百貨公司超市。也不要認為和孩子一起創造一個藝術作品，才算是親子交流。其實，你和孩子子

互動、抹地、洗碗……都稱得上親子交流。不要忽略日常生活中，平淡無奇、很瑣碎、或者一般家庭都在做的小事。

當孩子讚美你，開心接受吧！

第四型人習慣專注在自己的缺點或缺少了什麼。你的人格中最致命的設定，就是你容易只看到自己的缺點，總認為自己是沒有價值的、不夠忠於自我的、不夠堅強的。這些負面的自我評價，常讓你感到挫折，打擊自信心。

許多第四型的父母分享，不論孩子或家人稱讚他們做的多好，這群第四型父母就是認定自己一定還有做的不夠的地方，甚至認為，家人的讚美都是只是安慰他們，並不是真心的。

然而經過諮商後，我發現，當第四型父母愈能夠接受孩子的讚美，自信心就建立得愈快愈穩固。總認為自己是有瑕疵的第四型人其實很辛苦，要改寫這個致命的人格的設定得要靠日積月累的正面思考習慣來調整。

一個很棒的方式就是從家人身上尋求支持與幫助。當你的孩子或家人對你表現出感激與讚美時，不論他們以何種方式，充滿激情的，或不擅言詞的只是用行動或文字表示。你都應該把這些讚美記在心裡。因為這些正面的話，都是幫助你擊退負面自我評價的最有力武器。

此外，你的自尊心很高，通常不太願意先告訴對方你內心的情感。所以，你不妨學習先放下身段、主動地告訴孩子你有多愛他們，不要等孩子先來向你示愛。這會讓孩子更容易感受到你對他們的愛。

做孩子的情感靠山而不是情緒火山！

第四型父母一定要體悟到，你的心情與情緒的能量，都會透過與孩子的互動而影響到孩子、甚至影響你們交流的品質。

當第四型父母在情緒化的時候，你對孩子有可能會表現的非常得熱絡、熱情，急切地想要與孩子做一切的溝通，成為無所不談的朋友。但是，當你心情低落的時候，你會關起門來，自己整理自己的情緒，不讓孩子進入你的心靈。其實對孩子來說，這會讓他們覺得焦慮。因為孩子尚不懂得要如何處理自己的情緒，更別說讓他們背負著自己情緒的同時，還要面對父母的情緒。

曾經一位第四型母親分享，從九型人格認識自己以後，她開始會去收斂或檢視自己的情緒能量，尤其是在她要與孩子溝通或互動之前。因為她發現，正在青春期的兒子也很容易有情緒，而且會被她的情緒所引動。因此這位第四型母親每次要與兒子互動前，就會先讓自己的情緒恢復平穩，不過度高昂，也不顯出低落。

許多第四型人做了靜心練習後發現，當愈能夠保持心情的平靜，就愈能夠享受平凡的幸福，不再像以前忍不住想去尋求生命中的戲劇化或刺激感。

總之，第四型父母一定要學會控制情緒。當然你有權利沉浸在你的情緒當中，但如果你要與孩子進行互動，或希望你的孩子在人格上面有健康的養成，請務必不要當你在情緒化的時候去跟孩子互動。

此外，當第四型父母遇到和你一樣情緒化的孩子時，當下他給你的或許並不是你想要的或預期的情緒回應，甚至會出現出乎你預料或你不想要的情緒。此時，你若不先沉靜下來，孩子是不會停止的，這時親子間很可能會發生火爆衝突。

面對跟你一樣很情緒化的孩子，建議你可以利用這樣的機會，在彼此情緒爆發之後，雙方都沉靜下來時，你可以與孩子討論一下，彼此的情緒在爆發時所帶來的衝擊力，以及對彼此的影響，或帶給彼此的感覺。可以讓孩子理解，當他的情緒失控的時候，你的感覺是什麼？而當你的情緒起伏很大的時候，他的感覺又是什麼？

第四型父母	
陽光面	陰暗面
同理心：尤其能夠與別人的痛苦同感	依心情行事：要求孩子當下要同等敞開
真誠：注重本質	自戀：過度情緒化
感受力：擅長建立感情連結	給孩子過重的情緒負荷
創造力：鼓勵孩子發揮想像力	過度追求獨特：不允許孩子平凡

第五型人

第五型父母

孩子希望從我這裡得到什麼？

對茹芳是來說，養兒育女從來不是與生俱來的本能，正如人際關係、情緒、感覺……這些事，對茹芳也好像隔了一層紗似的不熟悉，甚至是陌生的。茹芳認為去探究那些起伏不定的情緒或感覺，是一件累人又危險的事情，因為那會讓她失去客觀冷靜的觀察力與判斷力。所以茹芳會刻意與自己的或別人的感覺保持某種距離，甚至把注意力轉移到比較知識性或事務性的領域。

當必須與別人溝通時，茹芳會儘量放慢步調。因為，她需要時間去衡量即將要說出口的話。茹芳很清楚，話一旦說出口就很難收回來，而且常常是說者無意，聽者有心。茹芳發現，人們通常只聽自己想聽的話。所以茹芳更精簡她的言語，以免造成不必要的誤會。

茹芳強調自己不是一個喜歡「突發事件」的人，她希望她的生活是可預期的，每一個階段都在她的掌控之中。茹芳曾經打過一個比方，她說她的生活就像是一個衣櫃，衣櫃打開裡面有很多的抽屜，每一個抽屜都裝著她生活中某一個重要的部分。大抽屜裡面還有小抽屜，小抽屜裡面可能還有小儲藏盒。她習慣把某一部份的自己獨立起來，彼此隔絕不互相干擾。

茹芳最大的抽屜就是她的家庭；家庭裡面又有很多的小抽屜：孩子、先生、寵物、公婆，花園、或家務等等。如果你打開茹芳心裡屬於孩子的抽屜，裡面還包含了愛、責任、安全感，還有要盯孩子的功課，幫安排孩子的期假……的小抽屜。那些抽屜雖然各個獨立，但是其實又緊密相依。例如，當打開「幫孩子安排假期」的抽屜時，茹芳就要去打開名為「先生」的抽屜，看看先生的需要與時間，能不能與孩子的假期相配合。

茹芳說，這樣「抽屜式」的人生整理幫助她在面對生活中的事件時，能夠快速地釐清這個事件所影響的層面，並且立刻找出處理的順序。因為如果不能馬上處理或有對策，讓會讓她感到焦慮。

身為一位第五型母親，茹芳說她是從觀察其他父母怎麼與孩子互動的過程當中，學習如何當一個母親。當然她也會盡量搜集相關資料；不過，她最希望的還是透過親自觀察以分析其他父母的經驗。茹芳不會只觀察某幾對父母，她喜歡廣泛的搜集父母的樣本，再從中歸納出比較適合她、或與她的理念相符的教養方式。

茹芳說，在教育孩子方面，她常問自己一句話：「孩子究竟想從我身上得到什麼？」每當她以這個角度去思考時，她覺得內心的母性就會被喚醒。茹芳坦誠，有的時候與孩子溝通或互動時，其實她在當下的反應很可能過於冷淡，因為她是需要時間去思考與做審慎判斷的人。她不希望因為一時的不留心，說出給孩子不當影響的話語。如果孩子硬是要她當場做出回應，茹芳下意識的反應就是乾脆不回應，因為她很怕無心的回應造成不必要的誤會。

其實，你是這個樣子！

我很怕吵！

第五型人比其他類型的人更需要個人空間，因為你需要有空間來釋放壓力、整理思緒。你習慣從人際關係或外在世界中抽離，退回到內心世界去思考事情或去處理內心起伏的情緒。許多人誤解沒有太多表情的第五型人應該也沒有太多的情緒。其實，第五型人只是不想讓大家知道而已。「儘量不表露自己」是第五型人主要的自我保護方式。

第五型人對於尋找事情的解答或找出不同事物之間的關聯性很有興趣。因此，當出現問題時，你會想辦法用不同的方式來解決。但是，期許創新的你會希望能夠跳脫傳統思考，想以一種與眾不同、而且睿智的方式來解決問題。所以相對的，你會比其他人更專注與用心地去鑽研問題。然而在旁人眼中那或許都是不必要的。

第五型人擅長跳躍式的思考。你在思考的事情也許單獨來看是沒有關聯的，但是經過你抽絲剝繭找出相關性，讓人驚訝的結果出現了。一般人習慣直線思考，而且傾向找到一個答案後就停止思考。但是第五型人則不然。你常常是一個答案牽起另一個問題。

基本上，你喜歡和理性的人一起工作。你尤其欣賞那些為了要想出新的點子而努力不懈、或勇於創新的人。由於你不喜歡與人攪在一起，所以你喜歡的溝通方式是用文字，把想法寫下來交流。你的溝通方式是提綱挈領、分點陳述。你很怕太多的文字反而容易造成誤解。所以，第五型人很怕吵或干擾，你除了不想要人群的擁擠感與人際間無味的對話外，你也很害怕被別人的情緒所影響。

很多人不用大腦思考！

最讓你受不了的就是很多人做事情不按邏輯；或說話不先經過思考就脫口而出。你覺得多說多錯，但是對很多人來說，他們需要在談話之間或說出來的當下，慢慢去釐清自己的想法。只是，不少第五型人分享，有時候他們雖然微笑地在聽別人說話，其實內心裡已經忍不住想：「這個人怎麼淨說些沒有邏輯的話！」

你習慣透過專業能力，或你所懂的事情，或透過某個你很有心得的想法，來與別人建立連結。因此，你在與孩子相處時，你會想出許多新奇的點子來與孩子互動。

你很希望自己是非常的客觀的，所以在許多時候你或許是因為要表現得很客觀，因此臉部的表情會比較少，難免會給人冰冷或僵硬的感覺。這樣在工作領域也許還OK，可是回到家裡來，難免會讓孩子覺得你比較嚴肅、不易親近。第五型人不喜歡多說廢話；第五型人多半是只聽不說。

或許第五型人也算是一個好的傾聽者，因為你除了只聽不說之外，也不太會當下就批判別人的想法，也不太會很八卦的馬上宣傳。除非必要，第五型人不太去壓迫別人要馬上做些什麼或說些什麼。你傾向留下比較多的空間給對方，因為你自己也需要很多的空間。

你的沉默會讓孩子以為被拒絕

第五型父母的迷思：「我不想讓孩子看到我情緒失控的樣子。」

第五型父母習慣壓抑自己的感情，比較少主動表達自己的情感世界或偏好。你比較少與孩子分享情緒、感覺和感受；你習慣帶領孩子去探索知識領域的事物。

因此，孩子也比較難從第五型父母的身上學習如何表達情感，或獲得情感上的安慰。如果今天你的孩子是情緒容易外顯的，那孩子很可能會主觀的認定，自己與父母之間沒有什麼特別的連結，因為自己滿腔的情感與感動得不到父母的回應。慢慢的，孩子也會避免和你談心事了。

其實第五型父母應該要瞭解親子關係是雙向的，而且這個雙向不僅僅只是知識的交流而已，同時還要有心靈與肢體上的接觸。同樣的，眼神的接觸對第五型人的親子關係也很重要。因為第五型父母對人際關係比較害羞。一方面，你不自在表達感情；另一方面，也很怕別人對你展露過多的感情。所以，許多第五型人會避免眼神的接觸。其實我會建議第五型父母學習信任你的孩子，孩子需要感情的連結，要學習放心地在孩子面前表露出你的感情。

由於第五型父母不喜歡情緒起伏的感覺，所以當你與孩子的討論已經開始有些火藥味時，或兩個人已經劍拔弩張了，第五型父母很可能會立刻關起溝通的管道，甚至會馬上會離開現場。對孩子來說，他很可能無法理解。因為孩子總是期望父母的寬容與安慰；第五型父母不但沒有安慰，還轉身離開，讓孩子有莫名其妙被拒絕的感覺，連帶影響孩子對父母的信任，因為父母好像隨時可以拋下我。

所以，第五型父母在面對親子衝突的時候，一定首先要顧及孩子的感受；至少要讓孩子感到，不管父母現在臉色多麼難看，父母在內心裡其實是深深愛著孩子、關心孩子的。

別剝奪孩子發展人際的機會

第五型父母的迷思：「孩子自己去玩，我在一旁陪著就好。」

第五型人喜歡當旁觀者，在一旁觀看別人活動的過程，然後思考著：「如果換作是我，我會怎麼做？」接著在腦袋裡虛擬實境般的演練一遍。因為「想多於做」人格特質，你也比較少帶孩子實際去參加親子活動。就算帶孩子去了，你很可能也是在旁邊協助或觀看，盡量不涉入，讓孩子自己參與。由於不想與人有太多的連結，因此你也就不太在意別人對你的看法，也不那麼在意人際關係，很自然的你就會有意識或無意識地也不會很注重孩子在社交方面的發展，因此有可能會減少了孩子亂習與別人相處的機會。

有一位第五型媽媽分享，因為她個人偏好安靜人少的地方，所以，在她還沒學習九型人格之前，她常常就帶著孩子泡圖書館、博物館、美術館，或公園裡比較安靜的角落。她和孩子兩個人各自看書，或看看風景、吃著簡單的點心。因為她本身也不太與親戚有來往，所以也很少主動帶著孩子去拜訪親人。想當然爾，這個孩子與外人接觸的機會，就會比其他的孩子來得少很多。

這位第五型媽媽也很坦白地說，以前她不知道如何去處理情緒的起伏，她自己平常是可以兩三天關在房間裡，等情緒過去。可是當孩子有情緒的時候，孩子沒有辦法自己獨處兩三天，孩子需要傾吐、會崩潰痛哭、會暴躁失控……她認為第五型人身為母親最大的挑戰就在於，要如何去安撫正在情緒起伏中的孩子。

社交技巧及與人互動，是第五型人比較弱的一環，或許是因為你習慣以想像代替實際的經驗。我會建議第五型父母不妨就拿孩子當練習對象吧！多多與孩子接觸。你可以一開始先與孩子分享所觀察到的事物，然後慢慢的從實際的事物分享到內心的感覺。

別讓學習成為苦差事

第五型父母的迷思：「知識就是力量！熟練就能生巧！」

第五型人最自豪的就是自己的智力思考。所以，你會很用心的學習，希望自己在專業領域、或在自認擅長的領域上勝過別人。因此，你對孩子的教育也會著重在智力發展，或新知識的吸收學習。當然，如果孩子本身也是好學、坐得住的個性，那就很符合你的期待。可是，如果孩子是玩心比較重、或精力充沛熱愛戶外活動，很可能就會覺得每天不斷地學習是一個很大的壓力。

第五型父母大都很擅長邏輯思考，想得深入。但是，你的深奧世界對孩子來說是很難明白的。也許你覺得解釋個兩三遍孩子就應該懂了，那對與你有類似思考方式的孩子或許可以。然而，事實上很多人是以感覺與感受來看待事情的。

建議第五型父母要特別注意的是，在孩子教育方面要兼顧理性與感性，提醒自己多花一點時間與孩子一起玩、一起嬉笑，甚至一起運動。這對第五型父母的親子關係絕對加分。

不是每個人都擅長邏輯思考。

「瞭解更多」是第五型人的驅力。想要懂得更多或拚湊出一個更大的前景，而這個前景是別人所看不到的。這會讓你感到安全，因為一切都在掌握之中。

第五型人的心智運作就像是玩拚圖一樣，一塊一塊地拚湊出一個完整的畫面。你習慣用一種抽絲剝繭的方式，拚圖式的去搜集、觀察、分析所得的細節，然後從這些細節當中看見其中的關聯性，進而拚湊出事情的樣貌。當樣貌愈來愈清楚的時候，你可能就會採取行動了。但如果一直沒辦法描繪出有意義的樣貌時，你會擔心自己的力氣是不是白費了，也怕自己會顯得愚蠢。

許多第五型的父母分享，他們會想辦法，不論是引導式或暗示式的幫助孩子學習這種「拚圖式」的思考方式：從一件小事情去聯想到更大的畫面。這是第五型人的強項，當然也就成為你在教育孩子上很大的盲點。因為並不是所有的孩子都有能力用拚圖式的方式來思考。有些孩子喜歡直線型的思考，還有一些孩子想要從事體能活動勝過心智活動。

所以，第五型的父母不要太堅持一定要讓孩子去進行一些很複雜的心智活動。不妨仔細觀察孩子的擅長領域與喜好偏向，什麼樣的方式孩子比較容易接受。第五型父母要思考的是，不是你看事

情好或者不好，而是你用的這些方式到底對孩子來說，他的接受度如何，他的感覺又如何。

為孩子磨練你的社交技巧吧！

第五型人在與人的連結上確實有困難。曾經有一位第五型媽媽分享，當她的才華或努力有被別人注意與欣賞到時，她才會有自信地去融入這個團體，表現出比較活躍的態度。但是即使如此，她每次要去主動發言或發起一個談話，壓力其實還是蠻大的。

某部分的第五型人有另一種困擾，就是他們其實很想融入團體，但是真的不知道如何做比較自然。有一位第五型人分享，他想融入團體的方式是一種安靜式的融入。他說，只要在一個社交場合中，如果你看到某個人很安靜地站在某處，不論是站在角落或站在比較靠近中間的位置，並且用眼神追逐著其他人：那個人應該就是一位第五型人。因為第五型人永遠在等待一個適當的話題。他會在旁邊聽別人聊天，然後等待著，等到適合他的話題或一個他懂得的話題，這個時候他就會適時地切入，進入這個談話的主題。

許多第五型人都分享，他們不喜歡與別人競爭注意力。也就是當一個團隊中有一個人在高談闊論時，第五型人傾向在一旁靜靜地聽著。有時候第五型人也會暗自希望自己能夠被人點名出來，而不是自我推銷式的主動站出來。然而，如果第五型人還沒有準備好要進入團體，卻被別人硬拉到談話中心時，第五型人的反應將會是冷淡的。所以，如果你舉辦的聚會中有第五型的朋友，然後你把一些話題硬丟給他後，若是他的表現非常正面，甚至反常的活躍或有笑容，那就代表他已經準備好進入這個社交活動了。但是，如果他的反應是有一搭沒一搭，那應該是他還沒有準備好。

所以第五型父母要記得一件事，你的孩子需要你為他們搭起與外界的橋樑，尤其當他們還小的時候。社交對第五型人來說或許意義不大，但是對你的孩子卻是非常重要，絕對有助於人格的健康發展。

學習與家人分享你的一切。

第五型人很會神隱。在朋友間可能會消失幾個月，在親密關係中可能會一天消失幾小時。如果在肢體上不能消失的時候，比方說開會中，那第五型人會自己放空。人雖然在這裡，但是思緒早已經飄到自己有興趣的主題去了。甚至，你會儘量讓別人也感覺不到你這個肉身的存在。

曾經有一位第五型學員分享，他說他可以在上課的時候維持某一個姿勢，把自己身體所占的空間縮到最小，儘量讓臺上的老師沒有注意到這邊有一個人存在著。他很自豪的說，曾經有三次，老師都以為他不在自己的座位上。

第五型人喜歡搞一些很神祕或很奇怪的方法，來證明自己有能力可以做到別人做不到的事情。

但是，第五型喜歡神隱的這個特質，其實在需要親密互動的家庭生活裡，常常會讓另一半或孩子感到疑惑抱怨，甚至在感情的信任方面出現問題。

我常建議第五型人，盡量不要在親密關係裡或親子關係中搞神祕，尤其是與孩子在一起的時候。因為如果是你的伴侶，他或許還能理解和包容你個性上的怪僻；但是如果是孩子，他們也許還不懂得每個人的個性有所不同，孩子會把你的疏離或不專心，解讀成你並沒有注意他們，甚至解讀成，你並不愛他們。

孩子是很單純、直覺很強的，他們會很清楚地感覺到你的注意力有沒有在他們身上。如果持續一陣子你都沒有關注他們，孩子會開始不相信你，認為你並沒有那麼愛他們。所以建議第五型的父母，你一定要常常提醒自己，儘量地、至少在你願意的開放範圍內，讓孩子多瞭解你的喜好與想法，瞭解你對許多事情的觀點等等。

讓家人理解你需要充電時間。

對第五型人來說，所有外部的活動都是一種會耗損精力的事情；你向來是能避則避，如果避不了，你也很清楚地知道自己需要一段時間來恢復能量。這與其他人格類型的人真的是天壤之別！比方說第七型人與第二型人，他們就需要在人群中找回力量。這也就是為什麼第五型的人習慣把自己的生活切割成很多不同的小團體，然後把自己切割成很多的小我，因為當你面對某一個特定團體的時候，你只要派出某一個小我去應付就好，如此你會覺得自己的力氣並沒有被浪費太多。

有一位第五型人曾經分享，他說與孩子相處的時候會盡全力地陪他們玩，表現的很投入。但是必須在一個前提下，那就是他知道等一會兒有兩小時的時間是完全屬於自己的。所以，建議第五型人要清楚地讓家人知道你需要獨處。這樣才不會讓他們誤會你很不情願陪伴他們。最好的方法是，當第五型人在規劃家庭活動的時候，先提出你的獨處需要。不喜歡求救的第五型人真的不要硬撐，不要為了想讓大家高興，你硬撐在那裡。你那種「人在，心不在」的陪伴，周圍的人一定會感受得到，繼而內心受傷。

第五型父母	
陽光面	陰暗面
獨立、尊重別人的自主性	過度強調隱私與保護個人資源
客觀、理性內斂	置身事外，迴避與人產生情感連結
目光遠大、擅長描繪全景	陷入心智遊戲、缺乏與現實整合的能力
以創新角度去詮釋或整合各方意見	知識份子的優越感、偏執

第六型人

第六型父母

我不能讓家人暴露在危險中……

國華是一位第六型父親，今年暑假他終於如願帶著太太與兩個孩子到峇里島度假。可是，從坐上飛機後，國華心裡就一直犯嘀咕。他覺得全家都搭同一班飛機似乎不是一件好事。或許應該是他和大兒子坐前一班飛機，老婆和小兒子坐下一班飛機，這樣才不至於萬一發生什麼事情或甚至是遇到空難，一家人不會都被困在同一個地方，或一家人都走了。想著想著，國華決定一到峇里島，他就要趕快改回程機票，將一家人分成兩個航班回台灣。

他想起當初在規劃這次旅遊的時候，旅行社強烈推薦某一座很漂亮的鄉村度假中心。其實國華第一眼就喜歡上那個度假中心的景色，可是他腦子裡馬上浮出很多疑慮：「東南亞國家的治安不是很好，萬一運氣不好還會遇上恐怖炸彈或地震海嘯什麼的。」國華當初為了要不要去峇里島就考慮了很久。旅行社經理跟他拍胸脯保證：「你不用擔心啦！不會有事啦！每一年有多少人去峇里島旅遊，怎麼會有事呢？」這種說法在國華聽起來都是搪塞之詞；當有人愈是保證沒事，國華反而會愈擔心。因為國華知道天底下沒有所謂「一定不會有事！」這種奇蹟，很多事情就是會有萬一啊！在考慮很久之後，國華最終還是敲定了峇里島，因為他心裡也明白，其實不論去哪個國家旅行，都會有潛在的風險。

旅途中，國華的腦袋還真沒閒下來，很多畫面如跑馬燈閃過。他想，說不定到了峇里島後真的發生恐怖炸彈攻擊，他的好朋友麼們會在臺北家中的電視機前面看到消息，然後大家會很擔心的想辦法打聽他們的下落；當然，國華在峇里島也會焦急的想與臺灣的父母報平安……這些想像的畫面雖然都不是真實的，可是在國華的腦海裡，卻會反覆播放一次兩次，感覺愈來愈真實。有時候國華自己會突然恢復冷靜，覺得自己在想這些事情實在很無聊；可是萬一又出現某些事情讓國華感到懷疑或擔心的，那麼一件事情就會觸動另一件，讓國華原來想像的擔心畫面又不斷的重演。

幾個小時的飛行旅程就在國華的胡思亂想中過去了。當飛機終於安全抵達美麗的峇里島時，國華也在心裡暗自慶幸。然而，才剛走出機場，迎面而來的是旅行社安排的當地司機，用英語對國華說：「這個鑰匙交給你了，等一下你就順著這條路開，往前大概開個半個小時就可以到達你們的度假小屋。」國華嚇了一跳，因為他完全沒有預期是他自己得開車。他非常不安的央求那位當地導

遊，願意多付錢給他，請司機載他們過去。當地導遊露出一副不可思議的表情，好像說怎麼有人會願意付錢叫我去開一趟這麼平穩的路？導遊一再向國華解釋，說這條路很好開，而且只有一條路，你絕對不會迷路。但是國華就是堅持導遊能夠開車載他們過去。然而導遊一直搖頭拒絕。就在這樣尷尬的氣氛中，原本全家開心的感覺不見了，孩子開始有點不安。這時國華的太太就上前從導遊手中拿過鑰匙，說：「沒關係，我相信我應該可以開！」

就在太太的駕駛下，全家朝度假小屋出發了。此時國華突然警覺到，太太臉上的笑容不見了，孩子的話也變少了。國華開始自責起來，覺得他不應該讓家人這麼擔心。一定要給他們一個很好又難忘的假期才對！於是國華打起精神，很努力的逗每一個人高興，還告訴孩子，就當作是叢林冒險吧！同時，國華也發現這條路確實是挺好走的，到這個時候國華慢慢的放鬆了，也注意到孩子與太太變得比較開心了。

然而，放鬆也只是短暫的，因為看見道路兩邊的寥無人煙，國華一路上還是很擔心。因為就算路很直，卻始終沒有看到任何明確的指標。會不會迷路呢？會不會突然有山豬野牛跑出來？由於國華不想讓兩個孩子感覺到他的擔心，所以國華只好一路上都強作鎮定。最後終於到了度假村，大家很開心的度過了一個美好的晚上，孩子太太都睡了，可是國華有一點睡不著。因為他覺得這個旅館太美好了！可是為什麼遊客好像不是很多？國華因為睡不著就走到小屋的陽臺前，望向遠方。這時候突然從天際傳來轟隆隆的聲音，而且遠方似乎有很多的火光。國華心想：「糟了！有沒有可能又是恐怖攻擊？難怪那個導遊不肯送我們來這裡！可能他就是要趕快回去安頓家人逃命。」有點不安的國華在想這個度假村什麼時候會通知他們要撤離？他趕緊環視了一下看哪些東西萬一緊急的時候要帶走，哪些可以不用。等了一兩個小時，旅館沒有來通知他們，那個轟隆隆的聲音也慢慢變小了，國華才稍微放心，也慢慢的睡著了。

第二天全家到餐廳用餐時才知道，昨天原來是他們這個村鎮的一個慶典，晚上有施放煙火，許多飯店住客都到鎮上玩通宵，而導遊先生不願意開車載他們是因為他急著要去參加那個嘉年華會。國華到此才恍然大悟，原來很多事情是他過度擔心了。

其實，你是這個樣子！

凡事要有最壞的打算！

第六型人通常擁有豐富的想像力，尤其對於危險的事情特別富直覺。由於猜中的比例還蠻高的，這更堅定了你對「預測危險」的信心。只是，這也會讓你落入擔憂式的思考模式中。

當第六型人成為父母，通常你能夠很快的看見孩子目前可能正遭遇什麼樣的困難或有什麼潛在

危險，你會趕快想辦法去避免這個危險。你很可能整天都在煩惱這件事；或乾脆逼自己堅強起來去處理這個危機。

由於第六型父母容易緊張擔憂，這時天性敏感的孩子就會無意中被第六型父母的焦慮所影響而漸生不安；若孩子的個性也是偏向擔憂型的，那這個孩子勢必變得事事愛擔心、杞人憂天了。

有時候我會和孩子如朋友一般，有時候我也會展現威權！

第六型父母有一個很特別的特質，就是你有時候會像老虎一樣的強硬或堅定，有時候又如小白兔一樣的柔弱或遲疑。

曾經有一位第六型的單親母親分享，她很明顯的感覺到自己在與孩子互動時的角色變化。雖然她與孩子的關係是穩定和諧的，但是她仍觀察到，她與孩子的關係很容易隨著她心情不同而出現劇烈變化。比方說，假設某日收到數筆帳單，或許是金額高，又或許是最近財務吃緊，這個時候她就會開始一連串的擔憂。擔憂會不會無錢支付；連帶會想說，付了這筆帳單，如果下個月又是金額龐大，在沒有額外收入的情況下，該怎麼辦？當她由一個擔憂啟動另一個擔憂的時候，她的心情各方面是無法放鬆的。這個時候如果孩子回家了，孩子會強烈感覺到她身上的緊張氣氛。接著孩子的反應也變得怪怪的，可能臉上也沒有笑容了。當親子都籠罩在焦慮的氛圍下，這位第六型母親會不自覺的板著臉與孩子互動，平常溫暖和善的問候都沒有了，取而代之的是一些比較尖銳的問題：「今天在學校有考試嗎？考得好嗎？為什麼你這科考了幾次都還考這麼糟呢？」她發現，當她心情好的時候就能與孩子打成一片，心情不好的時候她就會特別嚴格的想要管教孩子。同樣的，當孩子這一陣子表現都很聽話，那這位第六的母親就會在小地方的管教上睜一隻眼閉一隻眼，或讓孩子破例。可是如果這孩子表現出挑戰她的權威性時，她就會想要好好的管教孩子了。

當第六型父母心情好或比較放鬆的時候，就能夠與孩子打成一片的，真的是孩子最好的朋友。一旦碰到必須行使權威的時候，第六型父母又會過用力度。第六型父母要思考的是，你想要與孩子當朋友，但是必要時候又想拿出權威來教訓孩子，如此的教養方式很可能會讓孩子感到不知如何應對，因為孩子不知道什麼時候他可以與你打成一片，什麼時候他又必須要乖乖聽話。這對孩子來說真的是非常疑惑的一件事！

孩子容易在恐懼的氛圍中長大

第六型父母的迷思：「孩子還太小，很多事情他還不懂得害怕。」

第六型人性格裡的最大盲點，也可以說是最大動力，就是恐懼；你的所做所為所思所想，常常被恐懼所驅動。第六型人常常會害怕自己做的不好，也擔心別人會怎麼看自己。第六型人習慣先看到事情的問題點，甚至只要一遇到情況，習慣反應就是先擔憂害怕；然而，你未必知道自己真的在擔心什麼或害怕什麼。而第六型人又必須把自己的擔心與害怕說出來以抒解壓力，因此第六型父母通常都是比較囉嗦的。

對孩子來說，父母有提醒，他或許就會小心一點。可是當父母的提醒過度頻繁時，大部分的孩子就會感到麻痺，尤其當他發現父母很多的提醒其實都是不必要的。

做父母的提醒孩子是當然與必要，但是如果當父母是因為過度害怕而不斷地擔心與提醒時，這就會對孩子造成的壓力。

我通常會建議第六型父母，當你擔心或有疑慮的時候，不妨對孩子開誠佈公的討論你的憂慮。

如果你發現孩子他是有意識到這個危險的，而且他也知道如何應對，那麼你就應該不要再憂煩，至少不再孩子面前繼續擔憂。又如果你擔心的後果其實不太會發生時，請提醒自己不要因噎廢食。其實當第六型父母與孩子討論之後，你會發現很多的問題與擔心都是來自于你單方面的恐懼所產生的想像而已。

情緒化的管教讓孩子感到疑惑。

第六型父母的迷思：「孩子愈想反抗，愈應該要讓他尊重父母的權威！」

第六型人對權威其實特別敏感，對於你信任的權威，你會展現高度的忠誠，但是對於不信任的權威，你就會保持警覺，甚至不自主地想與之對抗。第六型人一直在尋找那些可以提供保護與安全感的來源。所以一旦自己有了孩子，你當然也就會想要成為孩子的主要保護者。

只是性格中的恐懼，常常讓第六型的父母對孩子過度保護了。你會設下很多的規範，要求孩子去遵守。當遇上個性比較反叛、喜歡挑戰權威的孩子，會引起第六型父母對「不尊重權威」的反感，甚至引起第六型父母的焦慮。所以第六型父母通常不太喜歡「不聽話」的孩子。然而即使如此，對於那些平常一向很聽話的孩子，一旦這個孩子與第六型父母在意見上有不同的時候，第六型父母會解讀成孩子是在反抗父母的權威。此時，很容易情緒化的第六型父母，就會特別想要控制大

權，取回做父母的尊嚴或主導權。如果遇到反抗姿態明顯的孩子，第六型父母很可能會採取高壓的做法，或做出一些控制性的決定，比方說毫不講理的立下了某些規範。

其實第六型父母應該要冷靜的想一想，孩子伸張自己的想法，並不等同於在挑戰你的權威。只要孩子平時展現出相對的忠誠或責任感，第六型父母通常是非常和善、想與孩子成為好朋友的。甚至許多第六型父母只要看孩子聽話，就會打破自己定下的規矩，讓孩子開心。

所以，我也會建議第六型父母要一致性的來行使做父母的權威。不要孩子聽話的時候你就什麼都好，孩子稍微不聽話你就拿權威來強壓孩子遵守。這都會讓孩子覺得你的言行不一致，會讓他感到疑惑。尤其是如果孩子當下跟你槓上了，容易情緒化的第六型父母千萬要先讓自己冷靜下來後，再去管教孩子。

習慣袒護弱者，讓孩子逐漸不相信你的判斷。

第六型父母的迷思：「我不喜歡看見有人被欺負！」

第六型人潛意識裡認定自己的能力是不及別人的，畢竟第六型人從小習慣依附在權威之下。你慣把自己的地位放在比較低的位置。因此你會特別關注團體中比較弱勢的或低階的人，尤其想要替那群人伸張正義。

想要保護弱者的第六型父母，會習慣性的去保護那個看起來比較可憐或比較弱勢的一方。其實孩子需要有犯錯的空間，或爭取為自己的主張與理念發聲的機會，如此他們才能夠發展出自我肯定的能力。所以我常建議第六型父母，不要太急著出手，尤其是當孩子能夠自己解決問題的時候，必要時在旁邊提點一下大方向就好。

第六型人也習慣先去攻擊看起來比較強勢的一方，這剛好說明了許多第六型父母表示他們非常受不了那些無理的父母。因為，當你不由自主的想去保護看起來比較弱勢的一方時，你反而真的成為你最厭惡的無理父母，因為比起道理，你更在意的是當下同情弱者的情緒。第六型父母容易在管教上犯的錯誤，就是你不僅要介入，而且你還選邊站，偏心的去保護那個「看起來」弱勢的人，而這些都會影響你身為父母的威信，造成孩子對你的判斷與公正失去信心，孩子會發現你只是一個容易受到情緒影響的父母。

第六型父母的停・看・聽

不要過份解讀忠誠度這件事。

對第六型人來說，信任一定與忠誠度息息相關，而忠誠是你做事的動機與動力。因為要堅守

忠誠，所以你會做你認為應該要做的事。然而，藏在忠誠背後的其實是恐懼，因為你很擔心沒有支持，所以你會努力的去獲得別人的支持。在第六型人的認知裡，獲得支持最直接的方式，就是保持對彼此的忠誠。

第六型人通常會特別重視與要求另一半或家人彼此的忠誠度。尤其是對家裡比較弱勢的人，你會特別期望自己對這些人保持忠誠與支持。一般第六型人非常重視家庭與家族。

第六型父母請不要要求孩子與你一樣強度的忠誠感，這可能會讓孩子放棄自己的想法來對你表示忠誠。所以，當孩子表現出與你不一樣的判斷或選擇時，請不要情緒化的認定他愛你變少了，或不再仰望你。因為「與父母一致」的忠誠度並不是一個親子間愛的指標，只是第六型人習慣把忠誠順服與愛連結在一起。

曾經有一位第六型父親分享，他平時與孩子在家裡會像玩伴一樣打鬧。某日他與孩子在家玩了一陣子後，兩人外出買霜淇林，但是孩子提出想邊走邊吃的要求。其實這位第六型父親平時都要求孩子不可以邊走邊吃。可是，他想起剛剛才和孩子如朋友般嬉戲，現在卻要辜負孩子的期望，他感覺自己好像背叛了孩子。最後，這位第六型父親決定睜一隻眼，閉一隻眼，讓孩子邊走邊吃了。而這正是第六型父母特別要注意的，管教孩子並不代表你背叛了孩子，你必須學習不論在任何情況下，你的管教都是一致的。不然，有些孩子很快就知道你不夠堅定而會鑽漏洞；有些孩子則會感到疑惑，為何大人的反應常常不一致，因而產生不安全感。

許多第六型父母也分享，如果孩子的選擇與自己的不一樣時，第六型父母的內心會感到很受傷。他們覺得自己為孩子做了這麼多，而孩子也應該清楚父母的喜好，可是孩子居然還那麼自私的去選擇他自己要的東西，有些第六型父母難以接受，甚至會解讀成孩子的背叛，然後牽動一連串無謂的擔心、與因擔心而產生的一連串無謂的行為。

所以會建議第六型父母，當有這種情況出現時，最好的方式是拿出來討論。問問看孩子為什麼會這麼選擇的理由，以及你與他選擇不同的原因。許多時候你會發現，孩子是故意選擇與你不同的，因為他想要試試看，自己能不能有一些不同的想法與空間。此時第六型父母千萬不要過度反應，相反的你應該覺得高興，因為孩子已經開始發展他的自我意識，這個時候更需要父母做大方向的提醒；同時，也需要父母給孩子更多更寬廣的空間。

第六型父母請學習去相信你的孩子，相信他有自己的判斷力、智慧、與屬於他的天賦潛能。

平時就要建立父母的威信感

平常擔心焦慮慣了的第六型人，一旦你能夠沒有負擔的、暢所欲言的說出你的恐懼與疑慮時，你就會比較能夠卸下心防，變得冷靜，同時也比較能夠活在當下，或更有創造力。因此，第六型人

會很希望家庭裡的每個成員，尤其是孩子，都有機會能夠說出自己的想法或煩惱。不少第六型父母通常會先與孩子分享自己的經驗，不論是做錯或做對的。而這背後其實是你希望孩子也能夠與你分享。可是，當第六型父母發現，你這麼坦誠，孩子卻無動於衷，或也沒說出什麼心裡的話，這時第六型父母的內心警報器會就響起，你會開始沒完沒了的擔心，擔心孩子還藏著什麼祕密，或孩子對我不再忠誠順服……無明的煩惱。

很多第六型父母分享，親子教養的第一要件就是要能坦誠溝通、傾聽每一個人的想法，因為專心傾聽可以鼓勵孩子的自我重要感，而大方地說出內心的想法。我們也發現，第六型父母因為太想要聽到孩子內心的聲音，你會犧牲父母的威信，想與孩子搏感情。只是當親子關係變得太輕鬆甚至連界限都模糊了的時候，孩子容易拿捏不住自己身為孩子的分寸而顯得沒大沒小。

還是要提醒第六型父母，平常你就要建立威信感，不要等到你要教訓孩子的時候才扳起臉來。因為，如果平時你就是一派沒有威嚴、甚至讓孩子如朋友一般對你，那你又怎麼能夠期望當你生氣要管教孩子的時候，他們會出現震懾與信服？當第六型父母看到孩子並不服從權威的時候，第六型父母通常會更生氣。

威信感絕對不是來自高壓或獨裁的態度，建立威信感的方式有很多。比方說，你可以很堅定的看著孩子，你的眼神不是閃爍的，而是堅定不是冷酷的，而是溫暖的。又或你可以主動提問，問問孩子他們心裡害怕什麼，擔心什麼，而並不一定要以你自己出糗的經驗，或以你自己的個人小故事作為開頭。不一定要先把自己扮成小丑，孩子才會對你敞開。

解釋你的質疑是針對事情而不是懷疑孩子的能力。

第六型人習慣質疑，而且是不斷的質疑，直到你獲得了你想要的答案。你習慣以開誠佈公的方式與家人相處，這樣讓你很有安全感。只是第六型人這種想要確認事情以獲得內心安全感的的急切口氣與態度，常常會讓周圍的人很受傷。比方說，經過百般思考的第六型人可能會問出很尖銳的問題，但是，你周圍的人未必和你一樣，對整件事情有清楚的來龍去脈與推理分析。因此，當你又急又直接的提問時，很容易讓年幼的孩子誤以為你是在故意挑他毛病，或你想要反對他。因為你事事質疑的態度，很容易讓人誤解你對他們有負面的印象，甚至故意吹毛求疵。

第六型父母習慣透過提問的方式去瞭解孩子內心的想法，然後再告訴孩子，像這樣的情況可以如何分析與解決。你會不斷的問孩子問題，直到孩子表現出他真的有抓到你的重點後，你才會歇手。這對第六型人來說，你或許覺得這是一個訓練孩子的方式，但是，對頭腦結構與第六型父母不一樣的孩子來講，他就會覺得這種一定要從A思考到B，再思考到C，然後發展出各個小點的思考方式，不僅麻煩還很沉重，甚至內心感覺受傷，因為第六型父母似乎一直不相信或不接受孩子的想

法與說法。在這樣的情況下，孩子很可能因為有受傷的感覺而惱羞成怒，或乾脆自我封閉，不再與第六型父母分享自己真正的想法。

訂下期限，讓自己沒有時間擔憂。

有趣的是，第六型人有一個「與過度擔憂相違背」的習慣，就是其實你也很會拖延。不過，拖延並不意味著這段時間第六型人什麼事都沒。你之所以會拖延，很大的原因是你一直在反覆猶豫，究竟要選哪一個方案。當事情還沒有拍板定案前，只要有新的資訊進來，第六型人就會四面八方的再思考一遍。將原本所選方案的所有的優缺點，再與另外一個新的方案的所有優缺點，一一做比較。因此，第六型人的內心常常有很多交戰與掙扎。

第六型人應該常提醒自己，世界上沒有最完美無缺的選擇，每一個選擇都有各自的優缺點，重點是在取捨之後要如何堅持下去，而不是停留在自我質疑與打擊。第六型人習慣做了決策之後又開始質疑這個決策，不得已只好再回頭考慮當初放棄的決策。然而當初放棄的那個決策一定是有某個會被放棄的原因，第六型人又會卡在那個原因裡面走不出來。於是，鬼打牆的局面就此產生。

第六型人會這麼難以做決定，有一個主要原因是你很怕自己判斷錯誤而成為眾矢之的，尤其是當這件事牽涉到自己孩子的時候，這更非同小可了。

要克服第六型人猶豫不決的人格慣性，有一個很好的方式，就是乾脆縮短或定下明確的期限，不要讓自己有太多時間去做徒增自我煩惱的思考。建議第六型人可以嘗試去訂下許多短期的目標，甚至你就以一天做為定下目標的期限都可以。因為對於一個長遠的目標，第六型人會每天一直煩惱，努力想找出最有保障的解決方式，導致真正付出行動的時間很有限。讓第六型人在期限之內一定要完成某件工作，最能夠激發第六型人的效率

第六型父母	
陽光面	陰暗面
警覺高：精準找出問題	過度懷疑自己與別人
推理強：擅長解決問題	過度恐懼會有困難出現
忠誠度高：重責任義務	自我削弱，擔心成就帶來威脅
同情心高：保護弱勢	對權威的態度搖擺不定

第七型人

第七型父母

「我就是孩子的大玩偶！」

東俊是第七型人，從小就很受大家的喜愛，因為東俊有一種耍寶說笑的本領，讓嚴肅的人展露笑容，讓害羞的人跟他一起嬉鬧起來。

個性外向活潑的東俊很容易就交到朋友，當他二十多歲時就已經交遊廣闊，台灣島上所有的鄉鎮幾乎都有他的同學或網友，他通稱這些人就是「好朋友」。「我有個朋友住在哪裡哪裡……」幾乎成了東俊的口頭禪。

東俊本身也是別人的好朋友，因為他很會支持朋友，從不冷落任何人，對朋友很熱情，是團體裡的開心果。很多朋友都說，東俊就像一台歡樂發電機，他不僅製造笑聲，還會主動幫大家找樂子，和他在一起一點都不會感到無聊。

結婚後的東俊有了一個寶貝獨生子，他認為最好的親子互動就是與孩子玩在一起，他還常自嘲說自己是兒子的大玩偶。東俊與兒子的感情非常好，現在正值青春期的兒子就常半開玩笑說：「老爸，你比我還像青少年！」

因為，東俊喜歡玩，甚至連生活裡的小事他都可以玩出花樣。比方說，開關電風扇這件事。東俊不喜歡一成不變的總是用手開，他偶爾會嘗試用腳或用手夾著一根湯匙或筷子去按開關。總之，東俊就是想嘗試各種可能，即使在旁人眼中覺得「無聊」或「幼稚」，東俊都能夠樂在其中。有時候連兒子都受不了東俊，覺得這個爸爸像是不老的頑童，永遠的十三歲。

東俊是一名記者，他常常全省各地跑，也在各地認識很多好朋友。東俊的皮夾中永遠有最近一個月的家庭照或兒子的照片。當他採訪新聞遇到同行或老朋友時，他會跟大家分享兒子的故事與照片。所以，所有的朋友都知道東俊的兒子幾歲換牙齒、幾歲第一次走失、第一次喊爸爸、第一次學走路、第一次考一百分、第一次被老師打、第一次寫情書……

東俊很樂於與朋友分享，但是這卻讓兒子抓狂。因為，兒子覺得這是很私密的事，不希望別人知道。尤其每當有東俊的朋友從中南部上來，雖然與東俊兒子素未謀面，但是一看到東俊的兒子就直接喊他的名字、熱情的上前擁抱、關心東關心西……甚至拿小時候的糗事去糗他。這都讓東俊的兒子很不開心，覺得自已沒有隱私。

儘管東俊逢人便提兒子又如何，不論有趣的或丟臉的、糗事或傷心事。但是朋友們會發現，東俊提傷心的事比較少，而糗事或得意的事總是比較多。

東俊與兒子的感情很好，即使兒子進入青春期，開始嫌棄老爸很幼稚。但是，兒子似乎也知道如何跟老爸相處。例如，他從不會要求東俊什麼時候回家。因為兒子知道，只要是東俊答應的事一定會做到，只是不會準時做到而已。

東俊講究平權的教養方式，也就是公平。比如說，全家旅遊時，東俊會安排兩個活動，一個是他想要去的，另一個是兒子想要去，這樣兩個人都會很開心。

東俊最喜歡分享一則讓他懷念的往事。他記得兒子出生前，他喜歡假日的清晨驅車奔馳在高速公路上。因為車少路寬，又沒有紅綠燈，所以他可以暢行無阻的開車，並且將音樂開到很大聲，一個人在車裡大聲用力的嘶唱。

兒子出生後多了一個遊伴，他會把孩子放在他的大腿上，跟他一起開車。每當東俊提到這段往事，他的眼神中充滿父愛，但看在其他父母的眼裡，可能會認為這樣做太危險。

東俊與其他第七型父母一樣，通常會讓孩子覺得很興奮、很開心。因為第七型人勇於嘗試的態度，就像一個急於探索新世界的孩子，是不知道危險的；就算知道危險，但為了追求新鮮感與刺激感，第七型人通常不去想太多後果。

「我要讓一切都變得更有趣！」

第七型人是樂觀、活潑，甚至好動的，對於新鮮有趣的事情很難拒絕。沒吃過的東西、沒去過的地方，都對你有無限的吸引力。第七型人最怕無聊，你會盡量將行程排滿。第七型人是「成人過動兒」，腦筋轉很快，一有新的想法就會迫不急待的付諸實行。

第七型人非常有想像力，常常會想些好玩的遊戲、或讓現有的活動更有趣，好讓自己與孩子開心。當你感到壓力時，更會找樂子幫助自己忘掉痛苦。因此，你常會花許多時間與精力在自己有興趣的、或能為你帶來快樂的人事物上。

討厭單調無聊的第七型人，不喜歡沒有刺激感的人事物，也不喜歡做重複的事情。但是，如果你的孩子個性偏好靜或比較膽小，這時你會覺得這孩子怎麼教不起來或帶不動，那你就會不斷地想要帶動孩子活潑起來。

「為什麼不讓自己快樂一點？」

不喜歡痛苦的第七型人常常以「往前看」來逃避眼前的問題。樂觀是一件好事，但是太快轉向，不給自己時間去消化痛苦的感覺、釐清造成痛苦的原因、徹底解決問題，這正是第七型人格的大盲點。

第七型人是九種人當中對自己最好的人。你認為自己是最棒的，因此缺乏自省的能力。第七型人大多有小聰明，學習速度也比別人快。自認比別人聰明的你，很難接受別人的批評與意見，也不容易看到自己的過錯。加上樂觀的天性，讓你習慣把自己的過錯或失敗加以美名化。

第七型父母認為孩子就是應該要盡量開心活潑，所以，第七型父母常會給比較開朗快樂的孩子鼓勵與讚美。相反的，如果孩子天生是苦瓜臉，或孩子無法快速轉化自己的難過心情，你會覺得這孩子很奇怪，為什麼要一定要往死胡同裡鑽。

你可能對孩子造成的壓力

也許孩子只想專心學好一件事

第七型父母的迷思：「不多方面嘗試，怎麼知道潛力在哪裡！」

第七型人最大的缺點就是「貪」，你不想錯過任何能夠帶來滿足或歡樂的體驗。「選擇要愈多愈好！」這樣你才有安全感。「想要更多」，是內心深處「害怕被剝奪」在作祟。第七型人是九種人裡最容易被貪心綁住的人。

由於「貪」的人格設定，讓你非常希望帶給孩子各式各樣的體驗或選擇。只是，「豐富有趣」的標準是你的主觀認定，你以為只要是自己感到有趣的東西，孩子一定也會喜歡！你傾向把自己喜歡的事物與孩子分享，甚至鼓勵孩子去執行。但是卻忘了問問孩子：「你也覺得有趣嗎？這也是你想要的嗎？」

尤其當牽涉到孩子的未來時，你很可能會忽略孩子的意見，而強烈要求孩子照著自己的意見去做。一般來說，第七型人對於「只專心做一件事」是感到焦慮的。比如說，以專注著名的第五型孩子，他們習慣「學精通」，而非「懂皮毛」；而且，第五型孩子通常很清楚自己對什麼感興趣，並且願意投入極大的心力去學習研究。但是，這在第七型父母的眼裡看來，就會搖頭擔心：「你怎麼只試一樣東西，你應該多方嘗試！」

別讓改變成為孩子的負擔。

第七型父母的迷思：「人一定要不停的改變！」

第七型人喜歡改變，不喜歡一成不變，只要一停下來，就會有被限制住的感覺，渾身不舒服。你習慣以找樂子或做出巨大的改變，來逃避眼前的焦慮感。當成為父母時，畢竟你不能再像以前那樣隨意改變了，因此你轉向在孩子的生活上做些變化，以安撫自我內心那「不甘寂寞」的需要。

你對自己很捨得花錢，對孩子也很大方。許多孩子拿到新東西會很高興，但是若遇到心思細膩的孩子（如第四型或第五型的孩子），他們的個性比較長情而念舊，並不喜歡去更換對他們有特殊意義或有紀念價值的物品。身為第七型的你可能很難理解：「新東西才是好東西，管他有什麼回憶，回憶可以重新再有啊！」

其實，改變不是壞事，但如果環境中常有新的變化發生，對於個性需要穩定的孩子來說，就會成為心理負擔。而當第七型父母發現，買東西給孩子，孩子並沒有預期中的興奮時，這時第七型父母就會感到很挫折。

第七型人就像長不大的孩子。曾經有一位第七型母親本身對芭蕾舞很有好感，所以她幫女兒報名芭蕾舞課程。每次在教室外看著女兒上課，她看著看著覺得很棒，按捺不住報名了成人班。她的如意算盤打的是，她去上芭蕾舞課就帶著孩子一起上課，親子也有共同話題。但她沒有考慮到經濟上的雙重負擔，以及本來是想全心陪女兒學習，現在女兒只能自己在教室裡孤軍奮戰了。更重要的是，她從沒問過女兒是否有興趣學芭蕾舞。

第七型父母喜歡讓孩子從事不同的活動，主要是第七型父母本身覺得很好玩。而且，只要你知道那是新鮮的玩意兒，你就會興致盎然地想要去嘗試。但對某些人格類型的人來說，頻繁的改變是令人害怕的。

不是每個人的反應都很快！

第七型父母的迷思：「孩子子應該都是機靈活潑的！」

第七型人腦筋動得快，行動快，講話速度快，走路也比一般人快。有人形容第七型人的腦中有多條線路同時且平行的各自在運作。而第五型人的腦子裡也有許多線路，但他們傾向一條線串連到另一條，連成一個複雜的迴路。所以，第五型人很有能力把一個想法發展到很深入，但是，落實方面就顯得工程浩大，執行的困難度大增。第七型人則恰恰相反，任何事情不用等到想很深，淺淺的一層就馬上去做。

曾經有一位第七型女生分享，她上室內設計課時，有一次老師要求他們閉上眼睛去想像，想像自己進入一座空房子，進行設計。包括：規劃幾個房間，浴室廚房臥房客廳各放在哪裡？要用什麼風格、家具、顏色……不少同學覺得光憑想像是十分困難的。但是，這對她來說實在是小菜一碟！她早已經想出兩三個不同風格設計的房子，而其他同學還在掙扎呢！

想像力是第七型人的快樂來源，尤其聯想力超快，只是，這也讓第七型人很容易就分心。有一位第七型母親分享，她常常一隻耳朵聽孩子講述學校的事情，另一隻耳朵又在聽電視新聞。她發現，她總是會忘掉某一邊的事。又或許當時沒有忘，但是當有更新鮮的事情吸引她的注意時，她就會忘了之前聽到的事情。因此，她就請求家人，如果發現她有點走神時，家人可以要求她重複一遍剛剛的討論內容。

請家人幫助自己抓住思緒，即時掌握目前的談話內容，這對你增進親子關係絕對是一件好事。

第七型父母的停・看・聽

陪孩子一起處理負面的情緒。

第七型人有一種信念，你相信只要你一直保持正面的想法、不斷創造新的點子、保持愉悅與開放的心靈迎接各種可能，那這個世界就會變成你想要的樣子。第七型人會花很多力氣去想好的事情，去看事情好的一面。其實，在內心的幽微面是：你想逃避內心痛苦的感覺。負面或無法改變的無力感會讓你感到挫折，甚至焦慮。

然而過度樂觀正是第七型父母的親子盲點。當孩子受挫時，大人應該陪伴孩子去處理負面情緒，學習如何挪出空間與時間，淡化及消化內心不愉快的感覺，進而再去釐清造成痛苦的原因。

建議第七型父母們，當孩子出現負面情緒時，不要以你慣用的方式讓孩子迅速擺脫痛苦，而是幫助他們學習承受適當的負面情緒，並且從中找到值得學習的經驗。第七型父母要記得一件事，不是人人都像你一樣樂觀，或這麼容易就擺脫過去。

孩子是一生甜蜜的負擔

一般來說，只要第七型人願意承諾，你通常會盡量堅守，因為這是你自己的選擇。只是，這個承諾會維持多久、維持到一個什麼程度，決定權仍然在你手上，而你是很自我的人。許多第七型人雖然給了承諾，但是常會比預定進度遲個幾天。他們覺得也無傷大雅，反正是完成了。不過，信守承諾對親子關係卻是非常重要的一環。

人可以隨時離開現存的婚姻，從已婚恢復單身；但是如果有孩子，就很難從有孩子變成沒有孩子。孩子是一生的牽掛，只是，不喜歡受拘束的第七型人，總是會找一些方法，讓自己在家裡不會感到窒息，同時又能兼顧孩子。不少第七型新手父母抱怨，自從有了孩子，他們感到自己的人生被迫做出很多改變與犧牲，尤其是享樂方面。

建議第七型父母們，在孩子還沒有辦法自理、需要照顧的那幾年，不妨就想成這幾年你可以無限享用與孩子的相處時光吧！所以，請好好發揮第七型人的性格潛能——盡量搬出你精彩的故事說給孩子聽吧！

除了樂觀，孩子也需要穩定性。

第七型人保持高昂狀態的動力來源是因為你不斷嘗試新東西、尋找新刺激。當第七型人感到千篇一律或發現自己沒有新的選擇時，會像洩了氣的皮球一般無精打采。

有一位第七型母親分享，學習九型人格後，她明顯注意到自己因為受限而引發的焦慮感，會很急迫的想去找其他可能的選擇。甚至當沒有別的選擇時，不管眼前這個唯一的選項好不好，她一定會先放棄。因為她的經驗是，沒什麼東西是不能放棄的，沒有什麼東西是無法取代的；舊的不去，新的不來。她就是喜歡生活裡常常有新的經驗進來。為了讓生命豐富，第七型人甘願忍受動盪。

然而，孩子是需要安全感與穩定性的。許多第七型父母在教養上卻仍是一貫隨性。眼下覺得好的方式就拿來用；這個方式似乎行不通，就馬上換掉，而不是去細想哪裡出了問題。尤其當孩子年紀尚小，有些必須從長遠性考量的事情，就應該由父母來規劃與堅持。第七型父母比較容易因為孩子或自己一時的喜好而不堅持下去。

為了孩子，開始練習靜心吧！

對第七型人來說，靜心或靜坐是一件非常困難的事。但是相信我，許多第七型父母能夠經由靜坐練習，慢慢地沉靜下來，培養傾聽孩子說話時所需要的專注力，並且開始注意到孩子與他們的差別性，不再一味地以為孩子與他們想的一樣。

靜心練習其實不難，每天可以早、晚各花十分鐘的時間，找一個不受打擾的空間，讓自安靜的坐著。不要想等一下要做什麼，而是專心去感受當下的寧靜。

如果你還是覺得有困難，也可以試試另一個方法。那就是在性格上做一些調整，對照顧孩子多一點耐性。為人父母極其辛苦，尤其是照顧學齡前的孩子，有許多重複、無趣、甚至煩人的事務。不妨就拿孩子當作練習靜心的對象，當他們來找你聊天，或你要教導孩子一些事情時，把注意力放在孩子的身上，讓他們來幫助你學習面對負面情緒。

第七型父母	
陽光面	陰暗面
樂觀主義與正面態度	粉飾太平的假樂觀、逃避同理別人的痛苦
點子王與夢想家	虎頭蛇尾；三分鐘熱度
創新求變	沉溺於新鮮感，或為了變化而變化
活力充沛與平權主義	外務過多；不想承擔責任

第八型人

第八型父母

我是孩子的安全堡壘！

建安是一位第八型人，只要他在場，大家就很難不注意到他的存在。這不僅是因為建安的體型比一般人壯碩許多，連帶他整個人散發出來的氣勢都讓人有深刻的印象。建安有一股霸氣，也可以說是一股虎視眈眈的能量，讓旁人好像必須得繃緊神經或豎高耳朵，提防這個人下一步會有什麼驚人之舉。

對於別人覺得他很強悍、甚至兇巴巴的感覺，建安毫不在意，甚至是有些得意的。因為他也希望自己是一個不輕易退讓、能夠堅持到底的人。他常說：只要我贊成某件事，我一定全力以赴，我要喊的很大聲，推動的很賣力，甚至我的一切作為可能讓人憎恨，但是我都不在乎。我100%地支持我所認同的事！同樣的，如果我不認同某件事情，我也沒有辦法假裝。

在外人眼中很有鐵漢形象的建安，談到太太與兩個女兒則是十足的柔情了。建安向來把家庭放在很重要的位置，他盡全力地去捍衛、照顧他的家人，他覺得自己就是一個守護者。

兩個女兒就是建安的掌上明珠。他尤其記得當女兒年紀還小，她們的小手被他的大手緊緊握住的時候，他更覺得有一股使命感，一定要好好地保護這兩個脆弱的小寶貝。他絕對不會讓任何不幸的事情，發生在兩個寶貝女兒身上。

只要一談到保護家人這件事，建安那股懾人的氣勢與能量感就會剎時顯現。他習慣瞪大眼睛般地像在自我宣示也是在警告別人，全身肌肉都在用力，聲音也會變得非常高昂。他常把自己比喻是孩子與外在世界的緩衝器。所有外在的危險、不純潔、不好的東西，到他這裡來完全被消化。能夠進到他家裡去的，一定是至高純潔的好事。

當建安談到與兩個女兒互動時，眼神流露出非常溫暖的父愛，以及難得看到的溫柔。和其他第八型人一樣，情感上的脆弱感，那是第八型人的阿基里斯腱，是他們最想要隱藏的部分。建安平常是一個自我保護心強盛的人，當他愈感到危險，他會把自己武裝得愈厲害，甚至可能更冷酷、更強悍、更獨裁、更大聲、更要別人害怕他。這是第八型人的自我防禦機制。他只有在非常親近而且是他所信任的人面前，他才敢放心表現出脆弱。第八型人也需要別人的喜愛、被別人肯定與理解，也有感性與情緒的一面。當第八型人覺得夠安全，他也會當場因為某件傷心的事而落淚痛哭。

要讓第八型人以哭的方式來表達內心情感的情況非常少，尤其在兒女面前。第八型人很少展現出自己比較柔軟或脆弱的一面。一位性格健康度不夠好的第八型人，在家裡往往會成為暴君式的父母，他會鐵血般地鞭策孩子，常常讓孩子不敢相信，這麼無情待我的人真的是我的父母嗎？

第八型人常常給孩子「很愛錢」的印象。其實第八型人特別重視錢是因為害怕自己沒有依靠，害怕有一天得去求別人。所以，與其說第八型人愛錢，倒不如說第八型人要的是控制權，而錢是很好用的一項控制工具。第八型人會用錢來控制孩子，當然，這是很不健康的第八型父母容易出現的狀況。而建安的性格健康度算是中上，即使如此，他對家人的掌控欲還是比其他性格類型的人來得強大。建安很喜歡制定一些規定或規矩，而且他會很清楚的告訴孩子界限在哪裡。只是有時候，他的口氣讓孩子有被威脅的感覺。關於這一點常讓建安感到冤枉，因為他平常講話就是習慣讓別人知道，如果你沒有照我的意思去做，你就應該知道那會有什麼樣的後果。

當建安在家裡得工作時，他會很清楚的告訴孩子：「爸爸現在要工作，除非我叫你，不然你不要來吵我。萬一你來吵我，你要知道那會有一個嚴重的後果等著你。」建安覺得自己就是先把前因後果說給孩子聽，如果孩子硬要犯錯，那自己也一定會嚴格執行立下的規定。只是第八型人天生叛逆反骨的個性，他雖然會為這個家制定很多的規定，但是，這些規定都不適用在他身上！

其實，你是這個樣子！

這個家由我作主！

第八型人從小就非常獨立自主，也很重視公平性，為了要對付現實的世界，第八型人不輕易相信別人。因此，你特別期望孩子也是堅強與強悍的，要有能力保護自己。如果當孩子的個性是屬於比較柔弱型的時候，你就會非常看不下去而開始磨練孩子。

第八型人習慣直來直往，而且你的直覺力通常很強，能夠感覺到對方是否在說謊或有欺騙你的企圖。因此，第八型父母對孩子的管教也是直截了當的，看不順眼的地方就會直接開罵。第八型人因為掌控欲很強，所以你非常想要去影響孩子，尤其當孩子的表現不如你的預期時，或孩太過軟弱時，你就會很想去改造他。第八型人大都非常相信自己，因此你比較難放下尊嚴，尤其是第八型父母，除非性格健康度不錯，不然是很少向孩子道歉的。

在親子關係裡，第八型人的掌控欲會表現的非常激烈。你相當重視孩子對你的忠誠度，也就是要求孩子要聽你的話。除非性格健康度不錯，不然，第八型人會不惜任何代價的來捍衛自己的立場，貫徹自己的要求，就算是對自己的孩子也一樣。所以，第八型人通常脾氣很暴躁，當你非常生氣的時候，代表你強烈感到安全感受到威脅。對第八型來說，你習慣把孩子聽不聽話與愛不愛父母劃上等號。

第八型人是典型的胳臂向內彎的人，會非常用力地捍衛屬於自己的東西，而家人與孩子就是你領土的一部分。所以，一旦孩子受到不公平的對待時，你通常會挺身而出為孩子討回公道。其主要的目的是想要證明給孩子看：「我有能力照顧與保護你，也有足夠的能力與其他的父母競爭。你不需要害怕！」只是有時候第八型人很容易捍衛過頭了，很可能會誤導孩子「以暴治暴」的蠻力對抗。尤其是個性比其他人格類型都來得衝動的第八型人，常常忍不住一言不合吵架、甚至肢體衝撞。

請千萬提醒自己，你希望孩子從你身上學習到的是理性的堅定，還是野蠻的暴力？

快一點！再快一點！我叫你快一點！

第八型人很擅長把自己的想法與能量強加到所愛的或在乎的人身上，包括家裡的寵物。第八型人天生精力充沛，而且會希望自己一直保持在顛峰狀態。第八型人確實是充滿活力的人格，基本上也就比較難控制自己的衝動與力道，常常一開口說話，音量就很驚人，大家會誤以為第八型人在生氣或吵架。但是許多第八型人都喊冤，他們覺得自己只是比平常稍微大聲一點而已。

第八型人就像是從大海一路奔向岸邊的的大浪，它永遠毫不留情地就往岸上推擠，往岩石上拍打。這個往前沖的能量其實是很正面的，它會逼迫著別人不斷地要前進，要採取行動。但是如果這個大浪是接連而來的，讓大家都沒有喘息的機會時，就很可能把身邊的人擠得東倒西歪，或擠得想逃跑了。

第八型人就像一團火球般的在後面熊熊地燃燒，讓前面的人只能往前奔跑，沒法停下來也不能回頭，所以，第八型人要學會控制這個力道。適當地給你關心的人一些刺激是必要的，但對於耐力都沒你好的其他人，小心他們會彈性疲乏。

你可能對孩子造成的壓力

孩子被迫失去自我。

第八型父母的迷思：「我要你照著我的方式去做！」

第八型人性格中最大的黑洞是欲望，也就是你所有的行為動機都是以實踐自我意志為主。因此，第八型人是非常有行動力的一群，再加上你喜歡控制、指揮別人，想當然在你周圍的人絕對不會輕鬆，甚至會覺得處處受到壓迫。因為你會不停地在觀念上壓迫與你不同的人，直到別人照著你的意思做為止。在親子關係裡，第八型父母也是最想要支配與掌控孩子的一群。只要孩子稍有不從，第八型父母通常會馬上想要施展權威。

當第八型父母的人格健康度愈不佳，家裡的氣氛就會愈像軍隊，集中管理且高壓獨裁。其實，在孩子尚未發展出個人的獨立性之前，人格健康度佳的父母是可以在尊重孩子自我空間的前提下，給予適當的引導。例如，協助孩子堅持某項必要的學習。但是，如果父母本身的人格健康度不佳，幾乎不給孩子空間，只是一味地要求孩子照著自己的意思去做，這樣就會壓抑孩子的成長。等孩子進入青春期時，因為每個孩子的個性不同，就會產生問題。比方說，孩子的個性如果是屬於「強勢組」（三七八），個性比較衝，叛逆性就會增高。如果個性是比較內斂的像是「離群組」（四五九），孩子就有可能會越來越自閉，甚至消極抵抗。

所以，第八型父母不要把你認定的「權力至上」的價值觀強放在孩子的身上，孩子會誤以為這個世界就是權力擺第一，個人感受、柔軟、與脆弱都是不值得一提的。

第八型父母一定要學習以比較單純的眼光去看孩子的世界，借此瞭解孩子在想些什麼。當你與孩子在同一個平臺上時，你才能夠更真實的聽懂孩子的需要。你可以鼓勵孩子來找你討論他想要做的事情，而當在瞭解孩子之後，你就能夠給他更精準而且更符合他需要的引導。

火爆脾氣會讓孩子想逃離你。

第八型父母的迷思：「我就是控制不住我的怒氣！」

第八型父母在教養上第一個要注意的就是：你一定要學會控制自己的情緒，尤其是控制怒氣。因為你平常就是一個力道很大的人，所以，即使你沒有發出100%的火力攻擊，對旁人來說，你只要發出50%就足以灼傷身邊的人。尤其第八型父母突如其來的暴躁情緒與大聲責罵，常常會讓孩子感到很害怕。有時候第八型父母甚至不需要開口罵人，一個嚴厲的眼神也可以讓怯懦的孩子嚇得幾天都做惡夢。其實很多孩子都不喜歡與第八型父母在一起，除了特別愛管之外，第八型父母表達愛的方式傾向用刺激性的言行，包括責罵、貶低或否定的態度。

第八型人不喜歡讓別人看見自己柔弱的一面，因此，許多孩子在第八型父母的強權教養下感到很疑惑：「我的父母不是應該最愛我嗎？可是為什麼他常常把我罵的狗血淋頭？而且好像我做了多對不起他的事一樣，讓他要那麼大聲的罵我？」而這些都有可能造成孩子退縮的個性。沒有耐性的第八型人在管教孩子時，尤其當孩子不止一個的時候，你喜歡用高壓的方式：用打罵與威脅，因為這是馬上能見效的方式，尤其有警示其他孩子的效果。但是，打罵的方式或許能夠很快見效，長期下來，你終將被迫不斷地提高打罵的強度來讓孩子就範。而孩子的表達與講道理的能力，就很可能都被你的高壓管教所抹殺了。

所以，第八型父母不要強迫孩子屈服在你的盛怒或強權之下，而且不要威脅孩子或把孩子當僕人來使喚；要尊重孩子想要獨立的渴望。建議第八型父母把你與生俱來的這股強大力量與能量，發揮在正面的事情上，用盡全力來好好與家人相處、並且支持與付出。而不是將寶貴的能量花在火力全開的要脅或責罵別人。

你的直言可能刺傷孩子的自尊心。

第八型父母的迷思：「我只是比較大聲地表達我的意見！」

有時候第八型人會故意用挑釁或激將法來與孩子互動。你這麼做或許是希望能夠激發孩子學會如何捍衛自己，如何面對惡勢力時能夠堅定自己的立場。因為第八型人會認為：「如果你都不能夠為你自己而戰，那我又怎麼能相信以後你有能力保護我呢？」這是第八型的邏輯。所以，第八型人向來強調自己尊重可敬的對手。什麼是可敬的對手？就是能夠勇於與第八型人對抗。第八型人會從心裡尊敬這個對手，但是並不會減少打敗這個對手的決心。

同樣地，第八型父母會希望孩子要能夠勇於表達自我。所以，對於那個比較敢直言的孩子，雖然與第八型父母會有爭吵，但是平心而論，在第八型父母心裡，反而會覺得這個孩子是像我的，甚

至會比較喜歡那個敢直接挑戰的孩子。

其實有很多孩子的個性並不如第八型人那麼堅強，或那麼敢與別人對抗，甚至孩子是希望依靠父母的。所以，第八型父母若是用太過直接、挑釁的方式，很可能會讓孩子感受不到愛。

我常聽到一些孩子會抱怨他們的第八型父母，常讓他們在學校很沒面子。因為第八型父母一般比較難與別人和平共處，習慣性的就會與其他的同學、家長或老師產生意見不和，接著就是激烈的言語爭辯，甚至場面火爆。第八型人的暴怒與絕不認輸的人格特質，很容易讓孩子在同儕裡受窘、自尊受傷。

第八型父母的停・看・聽

發怒前請先給自己10秒的緩衝期。

對第八型人來說，怒氣常常來自於你想要維護你所認定的價值或信念，因此你竭力想要澄清與說明。只是因為第八型人向來太用力了，尤其是當你發現自己的安全感受到威脅時，你的怒氣就會蠢蠢欲動，你的力量感就迅速累積，等待時間點一到，便向外四射。

曾經有一位第八型人分享：「我講話一定是直來直往，我也不要削弱我的用辭，因為，我要把我的意思，原原本本地傳達給我想要傳達的人，讓他能夠完全感受到我想要表達的事情或情緒。有時候我會誇大，那是因為我覺得對方沒有百分百瞭解到我的意思。」其實，第八型人在說完狠話之後，你是會偷偷觀察，看看自己的怒氣到底造成了什麼樣的後果。許多時候你的內心是後悔的，懊惱為什麼當時要這麼衝動的說了這些話。只是人格的設定，讓故做堅強的第八型人很少道歉，更不會表現懊惱與脆弱的那一面，一般人只會看到第八型人的不在乎。

還有一位第八型父親分享，他的孩子曾經說他的憤怒很廉價，他的怒點太低。這位父親為自己的容易發怒做了一番自我維護。他認為將情緒發洩出來或與別人起衝突，並不全然是一件壞事。因為在衝突當中，你就有機會探知別人內心的真實想法，通常人們在爭吵中才會說實話。當這位第八型父親接觸九型人格之後，他才慢慢理解到，對大部分的人來說，與別人發生衝突，是一件會讓人害怕不安，甚至會想辦法避免的事。

在此建議一個管理怒氣很好用的方式。在你感覺到情緒即將要爆發的時候，先給自己10秒鐘的緩衝期。在10秒鐘內，你要用任何方式將自己的身心帶離現場，你可以到室外讓自己冷靜、或到隔壁房間去捶打牆壁，如果身體無法離開，那就在內心默數從1到10……這些動作只有一個目的，就是要你發洩一半的怒氣，甚至大部分的怒氣。接下來你在責備別人或與別人溝通的時候，你的殺傷力就不會那麼強。

此外，我也會建議第八型父母在平常與孩子先有一個約定，讓他們知道當你即將要發怒的時候，孩子可以怎麼做來提醒你。比方說，設定一個通關密語：「爸爸你要生氣了，你要不要冷靜一下？」當第八型父母在聽孩子子講出通關密語的時候，你務必要發揮你的自制力，先讓自己冷靜下來後，再與孩子進行溝通。

痛罵別人是你壓抑脆弱感的方式之一。

第八型人習慣透過責罵別人來避免承認自己的失敗，因為你不允許有任何負面或弱點來摧毀你一直努力維持的強壯形象。但是這樣的性格模式在親子教養中，是非常危險的。曾經有一位第八型母親分享，大家都說她的脾氣凶起來很可怕，可是這位第八型母親非常不以為然：「很奇怪耶！我又沒有要嚇你，是你自己讓你自己被嚇。如果你不是那麼軟弱的話，我能嚇得了你嗎？」這是第八型人的自圓其說。要知道，在任何人際關係中絕對不是單線道，一定是互相影響的。所以不論是哪一方，都應該為一個不良的互動負起相當的責任。當你表現出很強悍的態勢，一般人很難不被你的情緒所影響，更不要說是孩子了。所以我通常會提醒第八型人，當你很生氣，又想要責罵別人的時候，先停下來反思一下，很可能你目前這麼生氣，把矛頭指向別人的原因是因為你在否認，否認你在整個事件裡面所應該承擔的責任。

第八型父母應該好好思考的是，如何保護孩子不受你的怒氣影響；而不是一股腦地把怒氣發洩在孩子身上。提醒你，親子間要處理的情況或許層出不窮，很難一概而論。但是，透過怒氣來發洩，或在怒氣當中處理，絕對是最傷害親子關係的方式。

不大聲反抗的孩子未必沒有意見。

第八型人習慣透過面對面的衝突來化解對彼此的疑慮，並藉此瞭解對手以增加安全感。所以，衝突對第八型人來講不是一件可怕的事，甚至是他的祕密武器。就像大多數人遇到別人會保持禮貌或微笑，第八型人則習慣保持武裝，因為你預期可能與人會有衝撞。第八型人主觀認為，能夠在衝突裡面大聲地說出自己想法的人，是比較誠實可靠的。

因此，當第八型父母遇上個性內斂、遇到壓力會縮得更緊的孩子時，你便會在親子教養上感到非常的挫折。當第八型人愈感到挫折時，你會更用力的去刺激這個比較內斂的孩子，希望他有所反應。我想學習過九型人格的父母都明白，那是一個錯誤的方式。

第八型父母應該主動去觀察，當你做了某些行為後，嘗試以你孩子的觀點來看你的那些行為。然後以孩子的角度來想：如果你是那個內斂的孩子，你會有什麼感覺？

其實，第八型父母不妨把你無法與孩子溝通的挫折感讓孩子知道，但是不要在情緒之中跟孩子

談你的挫折感。而是當你的情緒比較平穩時，私下向孩子坦誠，你覺得很挫折是因為你不知道要如何與他互動、或應該如何去瞭解他。保持開放溫暖的態度，一次兩次三次的讓這個比較內斂的孩子慢慢相信你。一旦信任建立，比較內斂的孩子會願意開始聊一些事情。只是要提醒第八型父母，你習慣防衛自己，所以一旦聽到孩子說了一些指責父母的話時，你千萬要保持耐心與溫暖，傾聽孩子說話但是絕對不反駁。因為，你一旦反駁比較內斂型的孩子，他的溝通管道一定會關閉，你下次想敲開就會更辛苦。

請嘗試用這樣子的方式去與內斂型的孩子做溝通，這不僅對第八型人是一種很新的體驗，對於那些個性比較內斂的孩子又何嘗不是呢？親子兩人一起去體驗或去探索適合的溝通方式，我相信這絕對是一個很棒的親子的回憶。

學習配合孩子的頻率與步調。

第八型父母有源源不絕的精力，同時你也會要求孩子來配合你的強度。比方說，當你興致高昂地想要去做某件事的時候，孩子就不可以表現的懶洋洋，不然你可是會發脾氣的。

有一位第八型父親分享了他學習九型人格後在親子教養方面的改變。他自認做事很有效率，他常會會為家庭擬訂計畫，並且主動地帶動大家一起朝他的目標去進行。在那個過程當中，難免會有遇到挫折與衝突的時候，每當家人想要放棄或暫停腳步，這位第八型父親就會不斷地用他的熱情與力量去催促家人繼續往前。學習九型人格之後，這位第八型父親開始懂得尊重家人的步伐。當家人停下步伐，他不再是急著催促，反而會停下來陪伴。他仍舊會鼓勵大家，但現在他變得有耐心地等待大家恢復信心與力量，然後再一起往前。當然有許多時候他是等不及的，這時他會自己去做，做給大家看，讓大家慢慢地也感染到他的活力。

這位第八型父親也很坦誠說，其實這個過程中他的自我調整相當多，首先就是想辦法讓自己放慢速度。因為他發現，不是所有的人都像第八型人一樣這麼精力充沛，很多人可能在邁向目標的過程中就因熱情提早用完而徹底放棄。

另一位第八型母親分享，由於步入中年開始覺得運動很重要，所以她規定每天晚飯後一小時，全家一起外出去散步。第八型人其實很喜歡全家一起進行某件事，感覺上這個家是融成一體的。可是孩子就抱怨這樣很累、或晚上他有喜歡的電視節目。這位第八型母親笑說，萬一是以前的她，絕對不能接受，因為看電視是私人娛樂，孩子應該以家庭活動優先。但是學習九型人格之後，她開始嘗試以孩子的觀點來看整件事件，慢慢能夠體會孩子的心情。畢竟對10歲的孩子來說，每天在學校都有運動的機會，回到家還要運動的時候，這就是一個負擔了。況且學習了一整天，孩子也需要調適心情。於是，這位第八型母親願意配合孩子的步調，把每天飯後的運動，改成一個禮拜兩天，尤

其盡可能安排在週末。因為週末孩子沒有去學校，精力比較沒有地方發洩。

這位第八型母親說自從做了這樣的改變之後，她覺得非常好，因為孩子有更大的意願來與她一起進行她想要推動的事情了。

第八型父母	
陽光面	陰暗面
一肩挑起責任，帶領大家突破困境	威權高壓、嚴苛管教
挺身維持公平正義，保護弱小	不肯認錯而遷怒別人，控制欲
勇敢、坦率、堅定	不肯示弱抗拒內心柔性的情感或情緒
忠誠	報復心強，冷酷無情

第九型人

第九型父母

「我沒有什麼要求，只希望家庭和樂。」

育晴是一位幼稚園老師，平日打扮走樂活風格。自從嫁給在貿易公司擔任主管的先生後，先生就要求她打扮要時髦一些。育晴也很配合的開始改穿高跟鞋與套裝，沒有絲毫不悅。

連生三個孩子之後，育晴辭掉工作，專心在家帶孩子。雖然剛生完孩子的那幾年非常辛苦，每天有沖不完的牛奶與洗不完的衣服，甚至要做三餐，家中還養了小狗。但是，育晴都能樂在其中，她覺得這樣的生活方式很好，因為，她就不必花腦筋去想未來的事！每天雙眼睜開就是一天忙碌的生活，所有的精力與時間都是以家庭為主。記得還沒結婚時，她不時得提醒自己要存錢、想著究竟何時能夠結婚、要有幾個孩子……

孩子長大，每當暑假來臨，就是育晴煩惱的時候。因為住在宜蘭的公婆希望能常看到三個孫子，育晴只好帶著孩子陪公婆度過夏天。這對希望每天能夠看到先生的育晴來說，十分煎熬。有時候她會想只陪公婆兩個禮拜就好，但公婆對育晴很好，育晴不忍心拒絕公婆；但也不可能跟先生要求週末一定要來宜蘭陪她。因為說了也是白說，工作忙碌的先生怎麼可能周末就回到宜蘭呢？

幾年後，先生自己開公司，買了大別墅方便在家招待客戶。育晴先忙著裝潢，又忙著學廚藝。過了一陣子，先生說要把花園整理起來，育晴又變成園藝專家。而孩子的外務活動增多，育晴都要配合，還被推選當家長會主席。充實的生活讓育晴覺得非常踏實與幸福。

隨著孩子長大離家，育晴頓時覺得生活沒有目標而變得空洞。原本幫先生在家宴客應酬的事也早就不做了，因為頻繁的應酬讓喜歡安靜的育晴擠不出笑容，她雖然嘴上不說，但先生看得出來，所以也就逐漸改在外面應酬。

想起三個兒子，最讓育晴自豪的是對孩子是百分百的支持。曾經誤入歧途的大兒子常對她冷嘲熱諷，但育晴總是微笑的等兒子發洩完。二兒子個性內向，在學校常受到霸凌，功課也不是很好，但育晴從不給他壓力，也不會強迫他看醫生。因為育晴覺得二兒子只是害羞罷了，就像育晴小時候一樣。育晴常感恩老天爺，三個兒子雖然有些問題，但最後都走回正途。

育晴五十幾歲時，跟先生離婚了，因為先生愛上了公司祕書。離婚時，先生把別墅給了育晴，也付出一大筆贍養費，但是育晴內心感到非常氣憤。她覺得自己一輩子都在為這個家奉獻，從來沒為自己安排過什麼，到頭來卻是家庭破碎。然而，雖然育晴很氣先生，離婚時也沒跟他吵鬧。

育晴現在生活中最大的安慰，就是三個兒子會輪流來看他；最高興的就是看到孫子孫女。小兒子與媳婦正打算搬到育晴住家附近，這樣育晴就可以順便幫忙照顧孫子們。

其實，你是這個樣子！

「許多事情等孩子長大後，他們自然就會了。」

給人溫和印象的你，很容易以別人的觀點來看事情，體會別人的處境與心情，通常是團體中的老好人。由於不想看見別人太難過，你只好犧牲自己的需要。只要大家和平相處就好。因此，就算和別人的意見不合，你也不太容易與人起激烈的爭執。

第九型父母通常是民主的，你不喜歡強迫孩子，甚至抱著「只要孩子不學壞，其他的都可以忍受。」然而，父母的職責之一是要能夠發現孩子的優缺點並且給予適當的引導。有時候第九型父母會以「孩子沒有主動要求」或「我已經提供我所能提供了」的心態來逃避。

如果第九型的另一半對孩子的教養也是過度民主或不過問時，若孩子的個性強勢，很可能會

因為孩子看不見父母的領導力與威嚴，而變得叛逆或向外另找權威角色去認同。總之，在親子教養上，第九型父母需要更積極的去瞭解孩子。

「天塌下來有高個子頂著！」

為了保有內心的平靜感，擅長自我安慰的第九型人就像「醒著的夢遊者」；明明火燒眉毛了，你仍舊努力維持慣有的生活步調。第九型人常給人淡定的感覺，其實，你只是盡量不去想那些你「不想參與或無能為力的事情」。

所以，第九型父母雖然贊成管教孩子，但是對孩子的問題卻不會太著急。你不會為難孩子，甚至會放棄自己的期待去配合孩子。

「看看事情會如何發展再說」的態度，常常讓第九型人失去很多機會，也錯失了教養的黃金時機。明明知道有問題，第九型父母卻習慣拖延，覺得船到橋頭自然直。又因為個性不喜歡衝突，所以，即使第九型父母決定採取行動，但是又會考慮到是否會引起孩子的反彈而猶豫不決。為了安撫自己內心的不平靜，最終乾脆先不做任何決定。

孩子缺少仰望的對象。

第九型父母的迷思：「不用問我，我沒有意見。」

當第九型人的人格健康度佳時，是九種人裡最謙虛寬容的一群，當人格健康度不佳時，因為懶得為自己爭取什麼，而給人一種得過且過的印象或與世無爭的假象。

一般第九型人成為父母，會覺得自己沒有什麼優點，沒有什麼贏過別人的地方，甚至自己的孩子也沒有比別人的優秀。當人格健康度偏不佳時，這些就不是謙虛，而是自信心不夠。

因此，第九型人在教養孩子時，容易將自己的自信心不足投射在孩子身上，還會美其名說這是不給孩子壓力。例如，孩子要月考，第九型父母可能會說：「你不用太勉強，因為優秀的人很多。」或看孩子因為考得好而興沖沖，第九型父母可能會提醒孩子，這次是僥倖，等下次考好再來高興。第九型父母也習慣看輕自己，長期下來會讓孩子覺得父母好像真的沒什麼了不起。因為父母在家裡不太有意見，隨隨便便沒什麼權威，就算在外面吃虧也不會據理力爭。所以，為了塑造在孩子心中的威嚴形象（這會幫助個性比較軟弱的孩子學習強硬），第九型父母應該常用一種肯定的語

氣與態度來和孩子互動。

不好意思拒絕別人，造成與孩子相處時間減少

第九型父母的迷思：「反正我和孩子還有很多時間相處，不差這一天吧！」

第九型人不喜歡有衝突，因此習慣配合別人；或看看大環境需要什麼，就配合做改變。家人就是第九型人的生活重心，配合配偶的夢想，支持孩子想做的事。但如果沒有適時為自己發聲，這很可能會讓第九型人在家裡的地位變得模糊，甚至孩子心中對第九型父母的認同也會變得很少，有時就會有不尊重的情形發生。

不希望別人生氣的第九型人很難拒絕別人的請求，常因為在公事上答應別人的需求，或答應某個親戚的要求，不得已就壓縮了與孩子相處的時間。但為了要跟孩子相處，第九型父母只好壓縮自己的時間了，這讓第九型人更沒空去發展個人的生活、興趣……

常見的狀況是，第九型人通常在外面生龍活虎，配合外人的要求，但回家後懶散的本性流露。例如，本來預計週末出遊，但是第九型父母前一天受到工作太累或受挫的影響，就會變得懶洋洋，突然主動取消出遊計畫，或去了也心不在焉，或跟孩子無精打采的玩……這會讓孩子誤會第九型父母是不是不想跟自己玩？孩子甚至會有被忽略的感覺。

其實，懶得堅持以致於常得配合別人的第九型人，因為不反應或逃避而造成的後果與壓力，常常都是落在家人身上，由家人去承擔消化。

別人都看得出來你的不願意。

第九型父母的迷思：「我沒有不想做，只是不想現在做。」

第九型人很樂意幫忙，但是不想被強迫著去做，而是希望被人邀請或請求。被壓迫的第九型人會心生反抗，但不是當面反抗，而是消極的抵抗。嘴上答應會去做，但是事實上完全沒採取行動，而且一直拖延。外人或許沒想到，看似老好人的第九型人其實滿腹牢騷，當然，第九型人最終還是會幫忙，只是會拖一陣子。

然而，每天與第九型人生活在一起的伴侶或孩子，就會強烈感受到這種消極抵抗。因為，當第九型人很樂意時，你的表情、聲音、態度是高昂的；當第九型人處處提不起精神時，大家都看得出來你的不情願。但是，當別人建議你不想做就不要勉強，你又會悶著氣說：「算了，我做就是了。」

曾經有一位第九型母親分享，孩子要求周末下午出去玩，她其實已經安排要做家事，可是又不

忍心看到孩子失望的表情。所以，每當孩子來詢問什麼時候可以出去玩，她都說快了，等忙完就帶他去玩。但是，整個下午都沒有忙完的時候，最後，孩子就很生氣的來質問她。而這位第九型母親也氣了，回說：「我有說忙完就帶你去，但是我沒有說一定會帶你去！」沒想到孩子生氣地回嘴：「妳下午根本沒有持續忙！妳忙一忙又去睡午覺，妳當然沒有忙完的時候！」

這就是第九型人的消極抵抗。第九型母親的內心是不想帶孩子外出的，所以儘管嘴上答應，不過會加一個但書：「忙完再帶你去。」然後很自然的就是忙不完。

因此，我常建議第九型人不要答應你不想做的事。這裡提供兩個方法：

1.在內心問自己：「我真的想做嗎？」這時第九型人不妨依賴直覺回答。如果，還是沒有答案，但就是「沒有很想做」，那第九型人就要開口說「不！」。第九型人要練習「勇敢度」，勇敢接受別人失望或生氣的表情。

2.平時不妨要求伴侶或孩子幫你確認，「你確定到時你會和我們去嗎？」、「你真的確定你現在答應了，你真的會去做嗎？」這不僅讓第九型人有再一次考慮的機會，同時也讓他有機會說「不！」最重要的是，第九型人一定要學習向伴侶或孩子清楚表達自己的想法，不要每次答應別人，又一直拖延，這會讓家人感到失望甚至憤怒。

嘗試接受挑戰而不是丟給別人去做

第九型人的心理動機就是要避免衝突，不讓別人生氣，更不讓自己發怒。所以，你的本能反應就是壓抑怒氣。只是，你同時也把自己的精力、活力與勇氣都壓抑下去了。第九型人就像躲在擴散鏡後看世界，一方面保持距離，一方面把視野弄得模糊，這樣你就不用想太多，反正有看不下去的人會去解決。

第九型人不自在直接表達怒氣，通常是以消極抵抗或固執的拒絕回應，以表達憤怒。第九型人認為，只要僵在那裡，耗到對方精疲力竭，自己就不用去做對方要求的事，因為對方已經沒有力氣來要求。

建議喜歡凡事以和為貴的第九型父母，有問題一定要解決，千萬別因為不想引起衝突而三緘其口或推給別人。

換一種有效率的溝通方式

有耐心的第九型人是很好的聽眾，當別人講話冗長時，你會放空一下再回來，但是其他人格類型的人就未必有這種本事了。

第九型人不習慣直接陳述。你喜歡先繞個圈子，而講話的速度又比較和緩，聲音缺少高低，常常會鋪陳半天還沒講到重點，這時旁人就會失去耐心。然而，其實你相當在意別人有沒有在聽你說話，因為平常別人在講話時，你都很努力表現出專心聆聽的樣子。所以，一旦你發現伴侶或孩子沒有在聽你講話，你容易變得焦慮而且生氣。但是因為你習慣壓抑怒氣，所以旁人未必能立即察覺到；而焦慮的你就會愈講愈多、愈沒有重點了。

第九型人不喜歡生活中有太多不可預測性，你希望生活最好每天都一樣，不必花腦筋想什麼無謂的變化。你會把這樣的想法投射到周圍的人事物，認定很多事情應該是不會改變的，而且你在內心深處也不希望改變。第九型人就是平緩與平凡的，這也表現在肢體語言上。所以，第九型人的行動一般比較遲緩，不喜歡作出突發的誇張動作，講話時表情也不多。

建議想要有所改變的第九型人，不妨從改變溝通方式開始。多一點臉部表情、加一些手勢與肢體反應、讓聲音有高低起伏，如此比較能引起對方的注意，讓對方有興趣聽完你要說的話，有機會聽到你想說的重點。

此外，第九型人不妨請伴侶與孩子來提醒自己。當他們發現聽不到重點時，可以直接向你發問：「這些就是你要說的嗎，我有沒有誤會？」這樣可以讓第九型人有機會去釐清誤解。而身為第九型人最要緊的就是，當你發現對方沒有在聽的時候，不妨停下腳步問問對方，到現在為止他們聽到了什麼？

改掉愛拖延的惡習

「拖延」是第九型在人際關係、親子關係中最常被抱怨的人格特質。第九型人習慣拖延，當拖延的方式與頻率讓周圍的人覺得你是在逃避責任、或不想承擔事情時，大家對你的憤怒會遠超過你的理解或預期。

曾經有一位第九型的父親分享，他從不拖延孩子的事，他甚至會很有效率的一一完成。可是如果是自己的事，他真的就沒辦法排出先後順序，常常是忙別人的事而擠壓到自己的時間。

第九型人比較難在所有的事中挑一件最重要的先做，因為這會影響內心的平靜感。第九型人習慣一視同仁，你不習慣太過突出或太激烈的感覺。甚至我還聽過一位第九型人分享：「很多人都說我做事情會拖延，尤其遇到重要事情只是拖著不做。我才不是這樣！我只是想先把眾多小事做完，這樣我才能專心做那件最重要的事。」但是他沒料到的是，小事會消磨他的精力與時間，當沒有設下時限，小事就是會不斷冒出來，最重要的事總是被拖延。

有些第九型人也很妙，通常在事情截止前，會突然振奮像神力超人一般的效率奇高。只是，有時仍然不幸地超過別人預定的時間，在別人眼裡還是認為第九型人在拖延。

第九型人不妨請家人幫忙，例如：在答應他們的期限前一個禮拜要提醒你，到最後期限截止前要不斷的提醒你。當然，當你授權讓家人來提醒你時，你的心態也要跟著調整：「家人不是來命令你，他們是來幫助你早點把事情完成。」當第九型人改善拖延的惡習，親子關係一定會大幅改善。

為了孩子，喚醒自己吧！

第九型人刻意避免衝突、努力活在平靜裡，一個深層的動機是：「不想去意識到太多事情，尤其是自己的想法與感覺，因為那會讓生活變得『麻煩』。」所以第九型人不太表達自己的意見，甚至把自己的想法掩蓋起來，這樣至少不用花力氣去應付別人的不高興。

在人際互動上，第九型人天生有一種直覺力，對團體中誰在抗拒、誰不高興、很敏感、很容易同理家中每個成員的想法。但是也正因如此，讓不喜歡衝突的第九型人很難表態支持某一方。然而，孩子未必能夠理解第九型父母的不想起衝突，反而會誤會父母想討好所有人。

第九型人的靈魂課題是「懶散」：懶得開發自己。當有機會能為自己做些什麼的時候，第九型人反而腦中一片空白。因為你已經習慣把自己放在第二位、第三位，甚至習慣把自己抹滅。第九型人習慣配合別人，當生活中沒有別人的事情要煩惱時，第九型人反而會失去活力。

我會建議第九型人在面對衝突或不愉快的狀況時，先別急著逃避，也別急著告訴自己一切會很好！而是嘗試把目前的衝擊或挫折感分成數次來消化。當你又有那種「我一定沒辦法做！」……自我放棄的想法出現時，主動請家人給你支持或安慰。別讓孩子看到你在放空、猶豫不決、害怕……不要增加孩子的恐懼，因為子孩的恐懼又會增加你內在的焦慮感。想辦法先穩住自己，並且採取行動去解決問題。

第九型父母	
陽光面	陰暗面
無所求的寬容與支持別人	消極過度自我安慰
能夠包容所有觀點、善調停	難以決定、不願意表態
以和為貴	死守自以為的平靜而不願面對現實
為別人圓夢	抹滅自我、不願意發展自己

做孩子的麻辣軍師

Part 3

第一型孩子

如何讓他對你說出心裡話

與第一型孩子互動的黃金守則

1. 不要讓他感覺到你在批評他。盡量放緩你的語氣，並且強調你只是在提供你的看法，只是提出另一個角度而已。
2. 邀請他對你的看法提供意見。這麼做是希望暫時轉移第一型孩子的注意力，讓他心中的「超高標準」暫時停止對他自己或別人的批判。
3. 當你要交代一件任務給他時，請務必先告訴他做到什麼程度就夠了。否則，很怕做不好的第一型孩子可能會因為自己訂的標準太高而感到壓力沉重。
4. 如果他今天做了一個很棒的評論，請務必真心讚美他。
5. 如果他為了追求完美而把你搞到快抓狂，請務必忍住，先學習欣賞與讚美他求好的態度。不要讓

你的壞情緒壓抑他的人格潛力發展。不過，在之後的日子裡，別忘了幫助他學習逐漸放鬆標準。

6. 幫助第一型孩子看見更多的可能性，讓他原本比較一板一眼的個性變得更有彈性。

如何幫助他的學習更有效率

第一型孩子的人格特質如何影響學習

1. 太注重細節，容易被小事干擾。

第一型孩子是自動自發的，他們一想到應該要做的事情便會馬上採取行動，但是，花的時間卻比其他的孩子來得久。因為，注重細節的人格特質，讓第一型孩子為了更好、更完美的成果，而不得不多花一點的心力。

例如寫書法。即使很早就拿出紙筆，第一型孩子因為怕寫不好，所以下筆的速度慢，寫不滿意而揉掉的機率，通常比其他孩子高。

此外，許多連大人都不會注意到的細節，第一型孩子卻容易被干擾。例如：練習本內若有某一頁被折到了，第一型孩子很難不注意到，甚至會想辦法把折頁弄平。因此，若在寫功課的過程中，出現一些突如其來狀況，或混亂的、不整齊的環境，都會干擾第一型孩子的學習心情。

2.超高標準，有時候耽誤進度

第一型孩子是行動派，但做事的速度未必很快。有時候為了品質，為了讓內容更好不得已延誤進度。

對第一型孩子來說，將一個作品精雕細琢，然後把它做好，會讓他感到很有成就感。若丟給他大量的工作，要他粗製爛造地趕時間做出來，這是違背他的人格特質，不僅做得意興闌珊，甚至會做得很生氣。

第一型孩子寫個句子都會斟酌很久，左思右想這個字詞夠不夠好、這個字眼會不會被誤解。如果是手寫作業，那要求更多！第一型孩子寫字不夠工整會擦掉重寫，而且很難忍受錯字。

因為求好的態度，對自己要求比較高；因為要求高，寫功課的進度容易被拖延。他不是不努力，而是標準太高了。

3.學無止盡，不斷進步的壓力

因為自我要求高，第一型孩子總想要改善自己、讓自己變得更好，他通常很喜歡學習。父母可以洞察的是，第一型孩子內心幽微的動機很可能是害怕自己做得不夠完美、不夠正確，為了避免被罵或被批評，他會拚命做到最好。只是，當自己盡心盡力之餘看到別人的閒散，心裡難免出現忿忿不平的情緒。

因此，第一型孩子容易挑剔別人，其實，這是他抒解壓力的方式之一。第一型孩子比較難放鬆，如果一件作業沒做完，他不可能放心去玩，因為會有強大的罪惡感。

此外，如果作業沒有「標準答案」，例如寫報告之類的功課，那麼第一型孩子絕對會交出一份厚厚的報告，因為深怕不夠周全。

第一型孩子當然也想偷懶，只是因為自我要求過高，常逼自己要不斷學習、不斷進步，這次考八十五分，下次起碼要有九十分，甚至要達到一百分才能稍稍放鬆。然而一但考到一百分後，他會更努力地想要保持下去。

4.強調理性，壓抑感受

第一型孩子習慣眼見為憑，過度注重邏輯的他，想像力比較不夠。他認定所看到的情況就是事情的唯一面貌，不太會深入考慮旁人的感受，或探究事情潛在的情感，尤其是感性的意涵。

第一型人處理實際的資料或項目會很得心應手。例如，分析天氣的走向、判斷導航有無錯誤、記錄別人有哪些可觀察的優缺點……這些他都可以做得很好。但是，第一型孩子比較少談論自己的感覺，對別人的感覺也同樣避免深入，表達情感與情緒方面的能力需要被開發。

例如，看了迪斯奈「小美人魚」的卡通影片，若是問他：「你有沒有被小美人魚的愛情所感動？你覺不覺得這個故事很美、很浪漫呢？」一般第一型孩子會覺得小美人魚沒有考慮清楚，甚至覺得這個故事不合邏輯，因為在真實世界裡是不可能發生的！

第一型孩子和第五型孩子都傾向做科學與邏輯性的思考，喜歡看數據。做實驗會很在行，但是不太會探討事情背後有哪些發人深省的意涵。因此，如果父母可以引導第一型孩子多去體會與表達自己內心的感受，那麼，第一型孩子就能夠得到理性和情感的均衡發展。

5.獨立自主，堅持自己的價值觀

第一型孩子的團隊性其實不低，但是嚴格說來，當他認定自己是對的，這時他會十分堅持己見，甚至不在意團體中其他人的看法。

因此，許多老師發現，第一型孩子看似有禮貌、服從性高，但當他身處某個需要表態的情況，而且自認為無愧於心、覺得自己是對的時候，他是可以與團隊敵對的。

為什麼自認守法正直的第一型孩子能夠如此相信自己的價值觀，甚至不惜成為團體中的「異類」？原因在於，第一型孩子的內心有一個強大的批判系統，也就是「超我」，要求自己比要求別人還多更多。而這正培養了強烈的自我意識，個性也會因此而特別獨立自主。當周圍有不公平的事情發生時，第一型孩子會義憤填膺的做出抵制。

第一型孩子的三階段人格整合計畫

（1）嘗試改變期——嘗試能夠平衡舊有人格慣性的新模式。

1. 當第一型孩子又忍不住批評或對「不如期望」感到挫折時，幫助他看見「做得不錯的地方」，而不是專注在不完美的失誤。
2. 鼓勵孩子著眼在「去體會別人的感受或思考別人需要什麼」，而不是執著於「怎麼做才是正確的」。
3. 幫助他看見除了他心中「最好的作法」外，還有哪些可能的方式也一樣可以達成目標。
4. 幫助他安排出玩樂的時間。不必擔心他會玩野了，「不能墮落」是第一型孩子的人格設定之一。
5. 鼓勵他說出內心的感覺。第一型孩子習慣壓抑，他尤其需要辨識的情緒是憤怒。

（2）強化模式期——帶領孩子探索新模式的深層意涵。

1. 找個輕鬆的假日午後，分享彼此的座右銘、心中認定的事情、不同的看法……幫助他理解每個人有自己的看法與處理事情的方式，世界上的事並不是只有對與不對，凡事都有灰色地帶，都有其他的可能性。

2. 當他出現吹毛求疵或咄咄逼人的態度時，提醒他，這樣的態度並不會讓事情變好，不妨請他說出他的意見，幫助他恢復一點理性。

3. 當他明明在生氣卻不承認時，不妨提醒他，他是不是有什麼想法或需要沒有說出來？為什麼？提醒他，任何人都會有慾望，慾望並不可怕，可怕的是不去處理而只是一味壓抑。

4. 在他能夠辨識出自己正在生氣時，不妨幫助他回想，究竟是眼前的事情讓他感到憤怒，還是其實是其他事情讓他不開心，他現在只是在遷怒？

5. 鼓勵他發發白日夢，和他一起花點時間思考自己想要什麼。

（3）均衡發展期——在（1）與（2）階段的持續輪替下，孩子可預期的發展結果。

1. 對自己與別人的要求趨於合理，心情比較放鬆不緊繃，也比較不會動不動就與人爭辯或衝突。

2. 對於不如預期結果的忍耐度提高了，相對的心胸也會變得比較開朗。

適合第一型孩子的職涯規劃

第一型人從小就像一個「小大人」，認為凡事應該有一定的樣子與規矩。他喜歡清清楚楚的環

境，最討厭亂糟糟的感覺，也不喜歡別人不負責任的談話與草率的行為。他希望把責任劃分清楚，什麼事情該誰做，一開始就規定好，讓大家分頭去做好本分。這是讓第一型人感到安全的做事方式。

適合第一型人的公司文化絕不是急就章型，而是強調品質、講求細節，或員工分責很清楚，最好常舉辦成長課程與專業工作坊，幫助員工改善自己或提高工作效率。

例如，穩健有規模、或產品規格化生產的公司；或一家雖然生產的是創新產品，但是有可預期的穩固成長。因為第一型人不太有彈性，不太會隨機應變，因此需要靈活操作或太動盪的環境，會讓第一型人感到有壓力，而不能夠好好發揮實力。

因此，第一型人比較適合獨立作業的工作。因為，以第一型人如此追求完美的個性，若環境中有偷懶的人，第一型人很可能會把所有責任扛下來，然後怨恨地把它作

完。其實，這樣倒不如鼓勵他從事能夠以自己龜毛的方式完成任務的工作。

例如老師、醫生、業務、發明家、運動員等；或個人型態的運動項目，如打高爾夫、田徑、網球……可以獨立完成的工作。

如何與他玩在一起

暖身版

活動設計重點：寓教於樂。第一型孩子比較早熟，太孩子氣或太軟性的的活動未必會引起他的興趣。最好讓他一邊學習一邊玩樂，這樣比較能滿足第一型孩子熱衷改善自我的人格動力。

進階版

活動設計重點：幫助第一型孩子學習放鬆、甚至小小失控一下。許多第一型大人都是老K臉，人際關係容易緊繃，大部分原因是從小父母管教太嚴或自我要求太高，造成過度的自我壓抑。

第二型孩子

如何讓他對你說出心裡話

與第二型孩子互動的黃金守則

1. 不要讓他踰矩為你付出。當情況並不適合由孩子來承擔時，請務必拒絕他提供的服務或犧牲。否則，第二型孩子長大之後，在人際關係裡會很難為自己劃下停損點。
2. 在平常的互動中，當時機適當，請讓他學習耐心地等待你的回應後，他再進行下一步。幫助第二型孩子不要一味付出，而是要傾聽別人內心真正的需要與感覺。
3. 別忘了常常感謝他的付出。尤其當你發現他做了一個微不足道的服務時，你更要把握機會讚美他，以彌補平時你對他的付出習以為常的粗心。第二型孩子雖然比其他孩子貼心、願意付出，但是這並不代表他付出得無怨無悔，相反的，他其實更期望受到大人的讚美。
4. 每天或每個禮拜，一定要找一個「談心時間」，而且是專屬你們兩人。至於與其他家人的分享時間要另外訂。沒什麼比「與父母的私密時光」，更能幫助第二型孩子的性格變得開朗健康。

5. 常常鼓勵他發表自己的意見。提醒他，不需要考慮到父母或其他家人的喜好，你們不會因為他的意見不同而生氣。相反的，你們欣賞勇於真實表達內心想法的孩子。第二型孩子常常會因為想要討好大人而不說出真正的感覺。

6. 當他又急著舉手搶著服務大家、或特別想去幫忙誰、或抱怨誰很難討好時，不妨花些時間與他一起探究，此刻的他是否有什麼負面的情緒？或遇到了什麼挫折？

如何幫助他的學習更有效率

第二型孩子的人格特質如何影響學習

1. 需要交流，有連結才有動力。

第二型孩子需要很多的注意力。如果他處在一個不被別人注意的環境，尤其是某位他看重的人，例如：老師，沒有特別關注到他，他會因此整個精力全失，表現得意興闌珊。同時，第二型孩子也不喜歡老師只強調學業的表現而沒有與學生培養感情。即使上課的內容很有趣，但是，如果老師表達的方式過於冷淡，例如，在互動中沒有與學生分享或關懷，第二型孩子就會對這課程不甚滿意，也提不起太多的學習興趣。第二型孩子需要與老師之間有交流。

第二型孩子注重人際關係，很在意與同學之間的連繫，如果在這個部分第二型孩子沒有被滿足到，例如，他並不太受歡迎，那麼他就不會再是可人兒，也不會再是特別聽話的學生，更談不上想要表現自己；沒有學習動力，甚至是不開心的。只是，一般希望自己被喜歡的第二型孩子不會表現出對老師同學的失望，他可能會忍耐，回到家裡再透過別的事情來發洩。

第二型孩子通常喜歡坐在前面幾排，或想辦法離老師近一點，這樣才有機會與老師互動。第二型孩子喜歡老師讚美他，或讓老師留下好印象。所以，第二型孩子通常會主動發問或搶著舉手回答。而他提問的背後，其實是想向老師暗示：「老師教的我都有在聽！」

2討好別人，容易忽略自己

許多第二型孩子有過相似的經驗，那就是在學校裡不同老師的課程中，他會根據老師的喜好而有不同的行為表現。

我遇過一位唸國中的第二型孩子——惠敏，她的國文老師是軍人出身，做事一板一眼，有一堆嚴格的規定。所以當她上國文課時，也就中規中矩的收起笑容，以符合老師的要求。她說那是她第一次發現自己居然能夠坐得那麼端正！

另外一位數學老師的年紀比較大，行動不便。惠敏每次上數學課時，總感覺應該要特別留意老師。她擔心老師突然跌倒，甚至每次都有上前攙扶老師的衝動。惠敏覺得老師年紀大記性可能不好，所以，她常會提醒老師：「今天是不是要檢查數學作業？是不是要考試？」其他同學覺得惠敏很愛巴結老師，但是，惠敏說，她不在乎這些。她只覺得老師就像自己的爺爺，能幫爺爺服務是一件很正確、很溫暖的事。

還有一位英文老師，個性活潑，喜歡上網，喜歡玩臉書。所以，惠敏會三不五時掌握臉書現在流行的小遊戲，ipad上又有什麼新的應用程式，好在下課之餘與英文老師討論。

惠敏發現，與同學在一起才能夠比較放鬆。即使如此，跟個性比較活潑的同學在一起，惠敏就會展現比較活潑的一面，如果與個性文靜的同學相處，惠敏自然也會稍稍收斂。其實，第二型孩子純粹是跟誰在一起，就會以對方喜歡的方式去跟對方相處。或當時自己是什麼樣的感覺，就依著那個感覺去表現自己。

3.同理心強，反而失去客觀。

第二型孩子天生有一種直覺力，知道人們想要聽什麼話。所以，他會刻意說出對方想聽的話，好讓對方開心。因此，第二型孩子也很會接

話。當大人講話講到一半，第二型孩子有時候會搶著把下面接完，讓大人驚喜不已。

第二型孩子的同理心很高，對於別人的心情，尤其是痛苦或不舒服的感覺，特別能同理。曾有一位第二型孩子分享，他最不喜歡看電影裡有孩子受苦，這樣他會覺得好難受。因為，同理心強的他，很容易與受苦難的人產生連結。想到萬一也遇上同樣的情況，自己該怎麼辦？

但是，也正因為第二型孩子的同理心比別人高，他常能猜對別人在想什麼。慢慢的，第二型孩子容易落入自以為能料想到別人需要什麼的迷思，以自己主觀的認定去幫助別人。但是，因為不夠客觀，往往給別人不需要的幫忙。

4.培養人氣，有助於他們發揮潛力

一個最能激發第二型孩子學習潛力的環境，就是當他發現，自己在這個團體中佔有一席之地。所謂一席之地指的是，同學之間在流行什麼，他都能參上一腳；同學有困難，會主動來請求他幫忙；有好玩的活動，同學都不會遺忘他。第二型孩子在這樣的氛圍下，會特別有活力。

第二型孩子喜歡成為老師「鍾愛的學生」。若老師特別指名他來幫忙分發作業、幫老師準備茶水、照顧盆栽……第二型孩子會感到莫大的榮耀與鼓舞。

有不少第二型人分享，讓他懷念的老師，通常是會特別指名他去做一些「對老師很重要的小事務」。因為，這代表著他與老師之間有一份特殊的情誼，其他同學無法取代的。其次，則是特別關懷過他的老師。

5. 鎖定對象，渴望更多的連結。

第二型的大人在人際關係中，一旦進入一個新團體，通常會鎖定一、兩位他所喜歡或看重的人，想辦法成為這些人不可少的幫手或好朋友。同樣地，第二型的孩子在學校裡通常會鎖定老師，或班上出色的同學。甚至，有些第二型孩子會希望自己和那些他喜歡的人「一模一樣」。

曾經有一位第二型的大人分享，她之所以選擇成為幼稚園老師，主要原因是她深深受到自己唸幼稚園時老師的影響。她非常喜歡當年的老師，因為老師對學生很有愛心與熱情。尤其是從她中班到大班，老師都會特別指定她幫忙發點心。她記得那位老師又溫柔，又會說故事，這麼優秀的老師甚至還志願到山區來教她和其他的原住民小朋友，更顯得老師的偉大。因此，這位第二型人也一心想去偏遠的山地服務。

我是一隻貼心的好狗狗
請帶我回家吧!

第二型孩子的三階段人格整合計畫

（1）嘗試改變期——嘗試能夠平衡舊有人格慣性的新模式。

1. 鼓勵第二型孩子為自己做一件事或許下一個屬於自己的夢想。例如：找一個下午專門做自己喜歡或想做的事、為自己挑選一份禮物、或為自己唱一首歌……讓他不要一直把注意力放在別人身上。

2 在他幫助別人的時候，引導他去看見事情本身的意義，而不只是為了某個人才去做。

3. 透過分享，幫助他過濾他想參與的學校服務，或關心他目前正在積極結交朋友的方式。引導他去思考，有限的精力與時間應該如何運用，而不是沒問別人的需要就一味投入。

4. 學習當一個安靜的旁觀者，讓別人也有被讚美與注意的機會。

5. 當別人不接受他的好意時，引導他說出內心的被拒絕感或憤怒。第二型孩子常常因為不好意思說出對別人的負面感覺而內傷；或下意識的繼續對別人好，更想要讓對方只在乎自己。

（2）強化模式期——帶領孩子探索新模式的深層意涵。

1. 當他能夠肯定自我表現時，幫助他分辨，那究竟是來自他本身的才華或價值，還是來自別人的讚美。你可以清楚地告訴他，兩者都很美好，但是，你更欣賞的是他這個人。

2. 當他因為別人的批評或拒絕而感到懊惱時，更要幫助他看見自己本身的美好，不必太在意別人的眼光。

3. 常常提醒他，他不可能成為所有人的好朋友，因為每個人的喜好不見得和自己一樣。

4. 當他出現誇張的情緒表達時，很有可能他是想引起注意。這時，不妨引導他說出內心真正的需要。事後，根據你長期的觀察來幫助他去分辨，他真正的情緒反應與表演出來的情緒有哪裡不一樣。

5 當他又因為別人沒注意到他而感到氣餒時，提醒他，別人可能心裡有事而不是討厭他。

（3）均衡發展期——在（1）與（2）階段的持續輪替下，孩子可預期的發展結果。

1. 比較願意說出並接受內心真正的想法或意圖。認清自己也有自私的動機，可以幫助第二型孩子放下「我是一個好人」的沉重光環，減少為了討好別人而壓榨自己。

2. 真正的慈悲。愛別人的同時，也學會要好好愛自己。

適合第二型孩子的職涯規劃

第二型孩子注重人際交流，從小他對經營人際關係、結交朋友……就已展露天分。第二型人天生有一種能夠很快親近別人的特質。因此不需要常跟人接觸的環境就不太適合他，例如，過度機械

化的環境、純電腦作業的環境……

適合第二型人的公司文化，最好是人性化管理，而且注重部門與人際之間的溝通。內心裡特別希望被別人需要的第二型人，很適合從事老師或幫人解決問題的職業。

例如，社工、諮詢顧問或企業機構裡的人力資源管理；或看護、托兒育嬰……在第一線服務人群的職業，都是第二型人職涯規劃的優先選項。

如何與他玩在一起

暖身版

活動設計重點：增進親子親密感。第二型孩子容易被父母的喜好所牽動，他一心想要獲得父母的愛。因此，最好能夠讓他從活動中強烈感受到父母全部的注意力。

進階版

活動設計重點：幫助第二型孩子探索自己內心的情緒與感受。許多第二型大人總是以開朗面貌掩飾內心的挫折或寂寞感，最終容易產生身心疾病。而大部分原因是從小過度想要討好別人或不允許自己「不可愛」，造成過度的自我犧牲。

第三型孩子

如何讓他對你說出心裡話

與第三型孩子互動的黃金守則

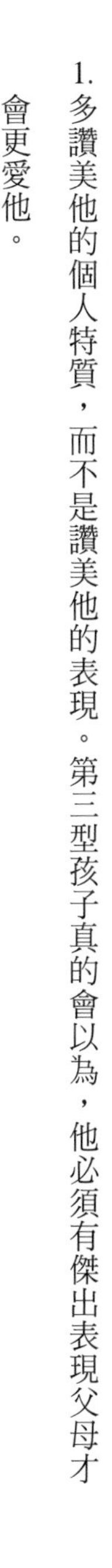

1. 多讚美他的個人特質，而不是讚美他的表現。第三型孩子真的會以為，他必須有傑出表現父母才會更愛他。
2. 常常明白地讓他知道，不論他是不是第一名、有沒有當班長，你都一樣愛他。
3. 把你對他的問題或要求用「為了達成某個目標」來包裝，這樣他比較有意願與你討論。例如：以「我們要怎麼做才能讓這個作業的內容更豐富？」來取代「我覺得你這個作業還可以更豐富！」。以「有什麼方法可以讓早上準備上學的時間更快？」來取代「你可以早點起床以免遲到嗎？」
4. 他是個非常愛面子的孩子，任何情況都要幫他留些餘地。
5. 幫助他體悟，最棒的學生不是只有功課好，同時還要能夠關心同學。

6. 喜歡出風頭的他，常常會無心、甚至有心地搶了同學的功勞。適時提醒他別忽略了別人的貢獻，想要做得更好，就需要更多的人來幫忙。

如何幫助他的學習更有效率

第三型孩子的人格特質如何影響學習

1. 實際主義，喜歡馬上看到成果。

第三型孩子喜歡實際動手作、希望馬上看到學習成果。如果這堂課只是坐著看課本、讀講義上的內容；或只是在那裡聽老師講課、寫寫筆記、抄抄黑板。第三型孩子會覺得非常無聊，間接影響學習興趣。但是，愛面子的第三型孩子還是會想辦法把這科考好，卻不代表他喜歡這個課程。

老師現場教、學生馬上做、並且能夠現場分出高低成績。如此有競爭意味的氛圍，並且讓聰明度、學習速度都可以很快的反應出來，最能夠激發第三型孩子的學習火力。

2. 避免失敗，推諉沒把握的事情。

第三型孩子最想要避免失敗。當他發現這個科目、老師交代的事情、或某個情況，他並不拿手時，他會想辦法躲避、推脫，或讓別人來做這件事。第三型孩子通常口才不錯，總會想個藉口或把自己弄成很忙的樣子，找同學來接替燙手山芋。

我有一位第三型的學員分享，他國中時期的化學成績很爛，造成他根本不想碰這個科目，只求過關就好。有一次要分組寫報告，他就拚了命拜託同組同學負責全部。雖然他知道這樣的行為不好，但是，當時的他只求度過眼前難關，不論採取什麼方法。

第三型孩子很聰明，一旦被交付某項任務，他會評估自己到底行不行。如果知道能力不足，可能不會贏，他就會想辦法不要參加，死都不淌這趟渾水。因為，在第三型孩子的認知裡，大人們都是以出色的表現、優異的成績與成就做為讚美他的指標。因此，第三型孩子常常會先衡量自己在哪個方面又做得不錯，然後告訴父母。他喜歡榮耀父母的感覺。

3. 競爭心強，喜歡比較。

當第三型孩子處在一個不需要競爭、不會被評分的環境裡，他內在的感覺或同理心比較容易表現出來。但是，若在有競爭的環境下，他一定會想辦法得到高分。因為，第三型人格的設定就是：「沒有好的表現，我就沒有價值。」而當競

爭失敗，第三型孩子通常不會一次就被打垮，他會想辦法在別的比賽中找回自信。

雖然在不需要競爭的時候，第三型孩子比較能夠發揮同理心。但是，這並不代表他在內心就不會比較。他仍然會比較自己的同理心有沒有比別人強、對別人的寬容有沒有比較高……別忘了，競爭的態度是第三型人格特質最基本的一項。

曾經有一位第三型人分享，他從來不排斥競爭的狀況，例如：聯考。他覺得以考試來決勝負是公平的，因為，資優生應該享有更好的資源，創造出更大的成就與回饋。所以，你必須證明你夠資格。他喜歡有壓力，喜歡被驅力鼓動前進的感覺。當有人一起競爭，最能夠激發出性格的潛力，他覺得那種氛圍非常棒！

4.追求表現，有掌聲才有自信。

不同於其他孩子容易害羞，第三型孩子比較不會怯場。雖然上台仍然會感到緊張，但是，當全場的注意力都在他身上的時候，他求好的動力會被點燃。因為喜歡成為眾人矚目與景仰的焦點，當掌聲愈多，第三型孩子愈敢表現自己。

有一位第三型人分享，他說，許多人都覺得不要在別人面前裝模作樣。但是，他認為裝模作樣未必是負面的，有時候反而是必須的。例如：競選班代。你就是必須要拿出最好的一面，讓別人相信你有足夠的能力帶領全班同學。例如：參加演講比賽。當然要有計畫的呈現自信的外表、有份量

的語氣、並搭配其他設計好的肢體動作。這樣才會讓演說內容更加有說服力！

第三型孩子對於「形象包裝」這些事情很能夠處之泰然，所以，不少第三型孩子在演講或表演比賽中常常會脫穎而出。

5. 目標導向，不計代價。

第三型孩子屬於目標導向型，每天總得要完成一些事情，他們才會覺得生命有意義，才不致於因為競爭壓力大而失去鬥志。第三型孩子一定要「做成什麼或達到什麼」才有安全感。因為，成就感是他們感受自我價值的主要方式。

有一位第三型孩子分享，他常為了寫功課而熬夜。他並不是因為玩耍而延誤，而是因為他定下了很多的學習計畫，並且要求自己每天要達到一定的目標。有時候，即使他已經完成了當日的目標，他還是會熬夜把明

天的作業先做。因為，他很喜歡「領先」的感覺。第三型人的注意力常放在「還有哪些尚未完成的工作」。

第三型孩子的三階段人格整合計畫

（1）嘗試改變期——嘗試能夠平衡舊有人格慣性的新模式。

1. 鼓勵第三型孩子放慢求表現的速度，留一點時間與家人相處。
2 鼓勵他說出學習上的困難，然後與他一起想辦法解決。不要被他的「我一定可以做到！」的自信所蠱惑，多多給他能夠承認失敗的安全感。很多時候，第三型孩子其實並不是真的如他所表現出來的那麼有自信。
3. 你可以主動規劃談心時間，幫助他學習去辨識內心的感覺與情緒。
4. 幫助他學習尊重別人的表現。當第三型孩子感到不安全時，他常常會以貶低別人來安慰自己。
5 幫助他學習同理別人的心情與感覺。父母的身教重過一切，當父母能夠在關心第三型孩子的課業表現時也關懷他的感受時，第三型孩子便能夠多一分體諒別人的能力。

（2）強化模式期——帶領孩子探索新模式的深層意涵。

1. 注意他是否出現一些應付家人的言行，如果有，記得私下提醒他。第三型孩子的注意力大部分放

在「如何能夠讓自己看起來好、更優秀」，對於與家人培養感情這件事不是很有動力。

2. 注意他是否出現吹噓的言行。當第三型孩子發現自己的表現不如預期時，他很可能乾脆誇口一番來掩飾內心害怕被別人發現的窘態。這時正好是幫助他學習接受自我真實能力的機會。前提是，你要一再保證你的愛並不會因為他的表現而有所改變。

3. 用心觀察何時他又把自己置身情緒之外。抓住時機，幫助他面對內心的感覺。

4. 他不喜歡面對負面的感覺，尤其是自己的失敗。第三型孩子最常逃避挫折感的方式就是立刻投入新計畫。父母應該要適時地拉住第三型孩子的腳步，做一些情感上的分享與抒發。

5 多與他分享有關成功人物也有失敗時候的真實故事，幫助他接受自己的能力是有極限的。父母毋需擔心這麼做會不會讓第三型孩子失去自信，第三型孩子人格中的自信過盛，適當地讓他有接受失敗的準備，才不至於讓他的過度自信成為龐大的壓力。

（3）均衡發展期──在（1）與（2）階段的持續輪替下，孩子可預期的發展結果。

1. 誠實地面對自己與別人。由於不再一定要做最好的以博取別人的掌聲，第三型孩子終於有了做自己的空間。

2. 發展出同理心。真實體驗到內心的種種感覺，開始變得能夠體諒別人的軟弱。

適合第三型孩子的職涯規劃

第三型人的適應力很強，注重效率，想要超越別人的動力，讓他很適合高壓的環境。同時，喜歡立即看到成果的他，特別期待透明化的獎勵制度，清楚知道付出多少努力後，自己可以站在哪一個位置上。

壓力愈大，回饋也愈大。第三型人不喜歡過於和樂融融、沒有競爭的環境，因為那會讓人失去前進的動力。他尤其討厭速度太慢、或拖延工作進度的環境與人。

適合第三型人的公司文化是：注重成功形象，注重市場需要，積極不計代價的工作環境；不適合強調團隊合作取代個人表現的環境。

第三型人適合像明星一般耀眼的工作。例如：

偶像明星、演藝事業、政治人物、公關傳媒、演說家、激勵專家……尤其是政治人物，最適合第三型人發揮長袖善舞的天賦。

如何與他玩在一起

暖身版

活動設計重點：開發感性的一面。如果父母本身在感性這方面也是尚待開發，那麼第三型孩子忽視內心感覺的傾向就會愈高。因此，親子一起探索內心情感面，將會是一次震撼彼此的經驗。

進階版

活動設計重點：幫助第三型孩子培養同理心與團隊精神。許多第三型大人常給人不擇手段或過於功利的印象，很大的原因正是來自於為了贏得掌聲而犧牲個人感覺、甚至罔顧別人的感受。

第四型孩子

如何讓他對你說出心裡話

與第四型孩子互動的黃金守則

1. 常常與他談心事。用心聆聽就好，不要急著把你的觀念強灌給他。等到信任感建立後，再慢慢與他分享你的想法。
2. 只要平時有經營親子間的信任感，第四型孩子是可以講道理的，即使他正在情緒當中。當他開始陷入情緒低潮時，幫助他釐清事實。溝通時，避免使用情緒性字眼或肢體動作。
3. 即使他真的做錯了，也要避免用字遣詞過於嚴厲。第四型孩子非常敏感，甚至自我價值感薄弱（卻常以驕傲來掩飾）。第四型孩子傾向認定自己一定哪裡有問題，所以才達不到父母的標準。
4. 第四型孩子習慣把注意力放在「不夠完美或缺少」的部分。當他又再怨嘆自我或抱怨別人時，把正面的部分一項一項地列給他看。
5. 對於制式性的功課，例如：抄書、寫字……第四型孩子可能會因為感到無聊而拖延作業。這時父母得花點腦筋找個方法來幫助他完成功課，而不是一味地強迫他完成。對於特別想忠於自我的第四型孩子來說，外力愈大，他內心感到自我被壓抑的痛苦愈強烈。即使他當下順從了父母，但深埋在內心的委屈感都會影響人格健康度的發展。

6. 多多鼓勵他創作。對他的作品，都給予真心的讚美。

如何幫助他的學習更有效率

第四型孩子的人格特質如何影響學習

1. 不甘平凡，感覺特殊才有動力

許多第四型人曾經分享，他們小時候不太喜歡上學，因為教室死板的氛圍讓他們感到沉悶。教室不是沒布置、就是布置得很醜。單調枯燥的環境，讓他們一點都不想待在那裡。

也有第四型孩子提到，他不喜歡聽老師乏味的講課，他喜歡多一些互動，甚至是腦力激盪。許多第四型孩子很喜歡說話課或表演課，總之，就是有機會讓他們表達內心感受的課程內容。比方說，安排一些戲劇演出。

不要看第四型孩子好像很害羞，其實，他一但放開，會在課堂上與老師大膽互動。第四型孩子

可以搖身一變成為活潑的孩子，只要他感覺到自己在這個班上有一個特殊位置，而不是被淹沒在其他平凡的孩子群裡。如果，第四型孩子感覺老師看待他的方式是不同於其他孩子的，那麼他就會生龍活虎；不然，他便會孤坐在一個角落裡，冷冷地看著大家。

2. 渴望連結，獨特性被看見

第四型孩子非常在意在老師眼裡他有沒有被注意到。如果，今天在教室裡，老師能夠特別認出第四型孩子，尤其是因為第四型孩子做了什麼很棒的事情讓老師記住了，或很細微的事情老師居然有注意到，然後還特別誇獎他，那麼第四型孩子通常就會愛上這位老師以及這堂課。

第四型孩子非常希望獲得老師的稱讚，但是，老師要稱讚的有重點而且是實際上發生的事情，不能只是隨口稱讚。曾經有一位第四型孩子——小柔這麼分享，她不能接受老師敷衍的稱讚。只是一句「妳很棒！妳很好！」那不僅太過普通，也不誠懇。她希望老師的稱讚是發自細心的觀察。

比方說，下課時，小柔總是很有規矩的把椅子靠進書桌，不像別的孩子大剌剌的不收拾。如果老師有注意到這點，特別對小柔說：「小柔，妳很棒！妳很細心會把椅子往桌子靠。」那麼，小柔就會受到大大的鼓勵，感覺自己真的很棒。當一位第四型孩子感到被注意，他強大的創造力就會自然發揮。

3 情緒優先，感覺需要被尊重

不論是第四型的大人或孩子，都會比其他八種人格類型的人容易受到情緒的影響。而孩子子受情緒影響的結果，最常表現在課業的學習上。包括對某個課程或老師的喜愛程度、以及學習成績。

只要第四型孩子今天的心情好，他會因為開心而提升學習動力、創造力大增、特別專注。反

之，若是他們今天感到鬱悶，很可能不想寫功課、甚至逃避學習。建議父母或老師先幫助第四型孩子冷靜下來後，再談學習。比方說，先找個地方讓他發洩情緒。

如果父母不能夠理解第四型孩子對安頓情緒的優先需要，只是一味的逼他們去寫功課；不但不幫助他先處理情緒，還要求他別想太多，甚至責備他為什麼不能像別的孩子一樣，知道輕重分寸。這麼做不僅會刺傷第四型孩子，功課還是照樣寫不出來。

4喜歡幻想，最生氣被誤解。

第四型孩子很喜歡幻想，甚至喜歡編織故事，然後把自己想像成故事中的主角，不論真實還是不真實。第四型孩子對自己有一個強烈的、甚至是夢幻的自我形象，而且會想辦法去維護它。父母或許會感到驚訝，因為第四型孩子的自我形象通常與現實中的他相差甚遠。但是，重要的是，父母應該先了解第四型孩子對自我的「夢幻期待」是什麼。因為，一旦自我形象被人忽視或質疑，第四型孩子的反應會非常激烈。

第四型孩子雖然害羞文靜，但他是喜歡交朋友的，而且希望認識不同層面的人。例如：不同年級的同學、老師、工友、福利社賣冰的小姐……第四型孩子會希望與他們有些連結，希望他們知道自己是一個什麼樣的人。

常有人覺得第四型孩子很彆扭，明明大家都表示明白他的想法了，但是，第四型孩子卻仍堅持

大家都不理解他而惱怒生悶氣。當第四型孩子感到別人並不是真正想了解他，或自己被別人誤解時，第四型孩子會用行動或情緒化反應來表達內心的挫折與憤怒。

第四型孩子害怕別人對他有錯誤的刻板印象，以為他就是文靜、情緒化、愛哭……第四型孩子一直在努力讓大家明白自己不是那樣的人。然而，對周圍的同學來說，第四型孩子太過敏感，而且很愛與人爭辯。

5追求獨特，想要與眾不同。

第四型孩子很不喜歡跟別人一樣，他會想辦法讓大家知道他是特別的。因此，第四型孩子會不自覺地想表現的跟大家不一樣。他一直想要告訴別人的是：「嘿！我和你是不一樣的！」

20年後的我
會是什麼樣子呢？
空姐？
醫生？
歌手？

有些第四型孩子會透過講話方式或情緒表達來凸顯自己的「不一樣」。比方說，若班上同學的講話速度都很快，當第四型孩子講話時就會刻意放慢速度。又或者全班被笑話逗得大笑時，第四型孩子雖然也覺得好笑，但是因為他心裡就想要跟別人不一樣，他會說雖然笑話很好笑，但是有必要笑得那麼誇張嗎？

這正是第四型人格的特性，他就是希望和別人不一樣，並利用各種方法來證明這一點。有些第四型孩子會把自己的「不一樣」表現在課業上，尤其當他的副人格是第三型的時候，這樣的孩子在課業上、或將來長大以後會很好強，一直想要爭第一。只是，第三型孩子爭第一是為了「展現自己很有價值」，而第四型孩子爭第一是為了要做全班「獨一無二」的人。

第四型孩子的三階段人格整合計畫

（1）嘗試改變期——嘗試能夠平衡舊有人格慣性的新模式。

1. 幫助第四型孩子專注在目前發生的事情上，有助於他暫時脫離情緒，同時多強調正面性。

2 當第四型孩子出現情緒性反應時，父母可以根據現在的情況，向他分析將來可能的結果。但是，語氣請保持平靜且有溫情，請不要因為想表現冷靜而顯得冷淡。

3 請適時阻止他自我打擊的人格慣性。此時是你表達支持與愛意的絕佳時刻。即使他看起來似乎不領情，但是，至少他暫時獲得了你的注意力，而且是充滿愛意的注意，這對安撫他內心的無助感很有幫助。

4 提醒他也要注意到別人的感受，而不是只專注在自己。

5 多邀請他與你一起做體操或伸展運動。這可以幫助第四型孩子暫時抽離情緒，回到現實來。

（2）強化模式期——帶領孩子探索新模式的深層意涵。

1. 和他一起探索平凡中的樂趣與感動。第四型孩子容易沉浸在想像中的故事情節裡，甚至想以虛擬的角色來代替現實生活中的自己。主要是因為第四型孩子討厭平凡的感覺。因此，父母可以適當地幫助第四型孩子體驗平凡之美。

2. 他很容易沮喪。父母要幫助第四型孩子面對沮喪。提醒他，沮喪並不可恥，但那只是過去某件事情所造成，不需要帶著沮喪去面對所有的事情，尤其是還未發生的未來。

3. 幫助他看見自己的人際交往模式：「吸引別人靠近後，又嫌棄對方。」第四型孩子常抱怨找不到瞭解他的人，一部份是因為他慣有「得到便不希罕」的態度，造成他以為很難有長期友情的錯覺。

4. 幫助他注意到「想要成為特別的那一個」的傾向。提醒他，故意處處與眾不同並不是真的做自己，也算不上擁有自己的風格。真正的個人風格來自於氣質，一種發自內心喜歡自己的生活態度。

5. 幫助他注意到自己「總是被悲傷的或負面的東西所吸引」的傾向。同時提醒他，當因為某個原因感到悲傷時，這是真誠的表現。然而，悲傷之後，也要允許自己的心有歡笑的權利，這對自己更是一種真誠。

（3）均衡發展期——在（1）與（2）階段的持續輪替下，孩子可預期的發展結果。

1. 學習自我肯定，不再被自卑困擾。真正做自己，接受自己的缺點，同時展現優點。
2. 心靈大躍進。第四型人對真善美的追求是永無止盡的。

適合第四型孩子的職涯規劃

第四型人最在意的是他們在這個團體中獨不獨特、是否讓上司另眼相待、能不能展現他們特有的風格。因此，第四型人特別適合從事藝術相關工作，或公司的工作環境是尊重個人化與自主性。因為天生具有纖細敏感的觸角，第四型人也特別適合精緻、獨特、非大量生產的產品相關工作。

強調制式化、過於保守的企業形象；過度大眾化或是量販型商品的產業；沒有創造性或一成不變的工作內容；沒有表現個人風格的工作舞台……都會阻礙第四型人的創造力。那樣的環境他會覺得無聊、沒有成就感、自覺才華被浪費。第四型人喜歡有設計感的物品，但是他不愛普羅大眾都在使用的品牌，他會挑一些「內行人」才會挑的品牌。比方說，買葡萄酒，普羅大眾通常就是買「特別有名的」、「廣告行銷打得凶」的酒廠。但是葡萄酒的行家或許就有自己的「私房酒廠」，有特

別的門路，知道有哪些不有名但是卻有自己特色的酒廠。「獨特性」最能夠激發第四型人的熱情與靈感。

第四型人最大的特質就是感受力，感覺的觸角比其他人多很多。所以，如果所從事的工作可以讓他們發揮情緒的力量，例如：藝術工作者、舞蹈家、表演者、文字創作……必須將個人情緒融入至工作裡的行業也非常適合第四型人。

如何與他玩在一起

暖身版

活動設計重點：幫助第四型孩子重拾對身體的注意力。第四型孩子是偏重心理活動的一群，也因此比較容易沉溺在情緒的浪潮中。

進階版

活動設計重點：穩固親子間的信任感。讓他知道你很想要瞭解他並且永遠支持他。第四型孩子喜歡編織各種故事，想像自己是劇中人，然後去體驗各種喜怒哀樂。不妨投其所好，和他玩一次角色扮演的遊戲吧！在合作演出的過程中，請讓你自己全身心的融入第四型孩子的想像世界吧！

第五型孩子

如何讓他對你說出心裡話

與第五型孩子互動的黃金守則

1. 第五型孩子不習慣手舞足蹈的表達情緒。所以，當他對你的分享看似冷淡或面無表情時，請不要急著認定他沒在聽或沒興趣，許多第五型孩子習慣透過傾聽與觀察來接收訊息，他需要時間消化資訊，然後或許才有反應出來。
2. 請給第五型孩子足夠的反應時間。他不習慣還沒想清楚就貿然行動，他需要對接下來可能發生的情況做好準備，不論那是思考上的分享或決定要不要與人靠近。
3. 其實，第五型孩子並不一定孤僻，他當然也有想與大家相處的時光，只是害羞的個性，讓他不知道如何切入。所以，父母要能夠適時地、不給予壓力地幫助第五型孩子慢慢地進入團體，幫助他熟悉社交活動。

4. 當交付任務給第五型孩子時，別忘了明確地規定驗收日期，以免第五型孩子因為收集過多資料或發想太多而延誤期限。
5. 第五型孩子非常需要一個不受打擾的個人空間，那是他充電與舒壓的小天地。
6. 鼓勵第五型孩子分享他的最新觀察或心得，或正式地徵詢他的看法，這是與他建立親子交流平台的最佳方式。

如何幫助他的學習更有效率

第五型孩子的人格特質如何影響學習

1. 熱愛觀察，默默吸收學習。

第五型孩子通常都很安靜，因為他正在專心觀察周遭的人事物，大腦在強力運作中，哪有時間去做其他的事？自然也就給人安靜的印象。只是，大人們常以為安靜的第五型孩子在一旁什麼都沒參與，事實未必如此。許多父母發現，事後問第五型孩子，第五型孩子都能說得頭頭是道：今天誰講了什麼、誰好像語帶保留、誰又說錯了什麼……這時大人們就會很驚艷，發現第五型孩子其實有

在用心觀察，而且還是以大人們沒想到的角度。

第五型孩子喜歡知道東西放在哪，或初到新環境時會先暗自觀察、掌握相關資訊、發現潛在問題……他知道或許不會馬上用到這些物品或資訊，但是，當他要用的時候就可以立刻取得。

許多第五型孩子的父母都有類似的經驗，那就是當父母在家裡找不到某項東西的時候，這時一旁的第五型孩子會冷不防的說：「你要找的東西不就在櫃子下面的第三個抽屜嗎？」大人們都會嚇一跳，「咦，你怎麼知道東西在那裡！」第五型孩子會聳聳肩、一副懶得解釋的模樣，心裡想著：「它就在那裡呀！」第五型小孩也覺得很奇怪，為什麼大人們不肯動點腦筋去推理、去發現呢？

2. 守住資源，知識就是力量來源。

第五型人有一個有趣的特質，就是很愛儲存東

西，包括無形的資源與有形的物品。無形的資源所佔比例較高。例如：個人的時間、空間、精力、知識……這在第五型學生的身上尤其明顯。

如果小組中有一位第五型孩子，他通常不會是一開始就高談闊論、主導內容的人，也不會是主動分配任務的人，甚至他可能從頭到尾就是默默的去做他被分配到的工作。

曾經有一位第五型孩子分享他加入某個團隊的經驗。他說，當時那個團隊要共同討論一個主題，而這個主題又是幾天後要繳交的報告內容。這位第五型孩子坦承他保留了大部分他知道的資訊，並且把這些資訊放進他個人的報告裡。因為他覺得，這是他自己搜尋與累積而來的知識，其他人不應該不勞而獲，想知道請自己去查。

3. 宏觀視野，最愛推理邏輯實驗。

第五型孩子的創造力很強，尤其在理化方面更突出，或許是因為他習慣複雜的思路運作。一位第五型人曾經這麼比喻，他說自己的思考運作就像一張複雜的電路圖，從A點到B點中間有無數個交叉口，最後導出他可以確切提出來的論點。

但是，第五型孩子並非什麼知識都愛學習，前題是要能夠引起他的注意才有學習的價值。因為個性喜歡創新，所以，如果今天的話題太過於平常，或太多孩子在討論，第五型孩子反而會覺得沒興趣，寧願關注在大家沒注意到的主題，或超乎他的年齡會關注的話題。第五型孩子對於「神祕、稀有、有深度」的議題比較有興趣。

第五型人最喜歡做的就是蒐集資料、分類資料、分析資料，再從不同堆的資料中找出其中的關聯性，然後推演出驚人的新發現。對第五型孩子來說，能夠展現腦力的項目，最能夠引起他的參與興趣。因此，不少第五型人對於實驗室的工作有興趣，尤其是要從許多實驗中找出許多蛛絲馬跡，最後發展出具原創性的理論。

4. 刻意理性，人際關係容易疏離。

一般來說，第五型孩子不喜歡多費唇舌，因為太花費時間。他非常珍惜自己的時間、智慧、精力……資源，如果花了這些資源，但是投資報酬率卻不高，那他寧願三緘其口。

因為不想耗費心力向人解釋，第五型孩子不想展露太多內心的情感。尤其在語言溝通方面，他們會盡量排除情緒性的訊息、以及避免容易產生誤會的肢體語言，希望以最精準的字辭傳達給對方。所以，第五型孩子會刻意不讓音調有高低起伏、不做贅述、也不喜歡有太多手勢、並避免眼神的接觸。他相信，只要排除接收障礙，用詞力求清楚明確，這樣溝通比較有效率。

可是，第五型孩子沒想到的是，他盡量克制自己情緒的方式，對某些習慣透過情緒來解讀別人心意的人格類型來說，例如，第四型人、第六型人、第九型人以及第二型人。這些人對第五型人刻意保留自己情緒的態度反而會有「弦外之音」的解讀，覺得第五型人可能不喜歡他們，或覺得第五

型人不感興趣，甚至有所保留。

曾經有一位第五型學生分享，他從小對文學創作非常感興趣，但是他不寫散文或小說，獨鍾寫詩。因為，散文與小說在文字選擇上有無限種可能，然而詩文創作則必須用最精準的字眼。對他來說，用最少的詞來表達最精確的意思，這樣的創作方式既輕鬆、也最適合他的風格。

5. 情感內斂，最害怕面對情緒風暴。

雖然在外人眼裡第五型孩子很安靜又冷靜，甚至音調與表情也不太有情緒性的起伏。但是，第五型孩子也是人，內心當然有情緒翻攪。只是他不喜歡讓別人看見，所以盡量隱藏自己的情緒。第五型孩子不喜歡被別人發現他的內心反應，他喜歡觀察別人卻不喜歡被人觀察。有些第五型人分享，他們內心常會提醒自己：「小心，有人正在注意你！小心，情緒不能被發現！」

第五型孩子喜歡與外界保持一個距離，然後觀察這個世界。你若問第五型孩子為什麼會這樣，他也說不出來，好像與人保持一個距離會讓他比較自在，頭腦比較能夠運作。很多第五型人也表示，在做決策或思考時，很怕被情緒打擾，不管這個情緒是來自別人還是自己。所以，第五型人習慣要求自己，把情感擺一邊，冷靜的判斷事情。

追根究底，許多第五型人在小時候，曾經不止一次地被大人的強烈情緒所淹沒。那種不知所措的感覺讓他非常害怕，他不知道應該對正在情緒風暴中的大人說些什麼自己才能全身而退。許多時候因為第五型孩子不擅長表達情緒，無法在當下立刻對大人的情緒做出反應，常讓讓大人的情緒更激動。第五型孩子特別需要一個安全的堡壘，讓他能夠安心的在裡面專注學習。

第五型孩子的三階段人格整合計畫

（1）嘗試改變期——嘗試能夠平衡舊有人格慣性的新模式。

1. 第五型孩子和第四型孩子一樣，都容易對眼前的事情放空而進入自己的內心世界；前者專注在思考有哪些可能，後者則專注在情緒的起伏。因此，父母都必須刻意幫助這兩型孩子把注意力導回在目前正在發生的事情。

2 幫助第五型孩子安排一個他可以不受打擾的獨處空間或時段，以此交換每天或每週固定

的家庭活動時間。

3.由於第五型孩子善觀察又愛思考，因此常比同年齡的的孩子顯得有智慧。不過，父母要注意他習慣以知識或技能作為社交工具，因為太想要贏得友誼，反而容易給同儕他在炫耀知識的誤會。

4多鼓勵他從事體能運動，從最緩和的開始嘗試。

5不妨用別人的例子引導他談感覺或焦慮等情緒。

（2）強化模式期——帶領孩子探索新模式的深層意涵。

1.幫助他體會「想是一回事，實際去做又是另外一回事」。第五型孩子習慣在腦海裡玩「預演遊戲」，思索自己可以如何應付狀況。然而，那都只是虛擬想像，雖然對他而言相當真實。

2.幫助他學習多給家人或朋友一些時間、精力、資訊……尤其讓他體會到，這麼做可以為他帶來更多的理解與尊重，也意味著會有更多的空間與自由。

3.提醒他，當他選擇不回應或不願多做解釋時，其實是把主動權交給別人，讓別人有正當的理由對他窮追猛問。

4.引導他體會快樂的情緒並且鼓勵他發洩出來，讓他發現，原來情緒不是只有痛苦那一款。

5幫助他體會到情緒與感受的變化。比如，當老師在場時，他是不是比較緊張？心跳加速、肌肉緊繃、腦海裡一片空白？當老師離開時，他是不是比較放鬆？開始能夠思考？呼吸速度變得緩和？

（3）均衡發展期——在（1）與（2）階段的持續輪替下，孩子可預期的發展結果。

1. 學習如何在保有自我的前提下，與別人建立親密連結。
2. 從與人或環境的互動中，找到更多的動力與樂趣。

適合第五型孩子的職涯規劃

第五型孩子雖然話不多但是卻很有洞察力；雖然顯得與人有距離但是卻很有觀察力。他們適合獨立作業，或一個尊重個人空間與隱私的工作環境。

當第五型人提出一個自己的觀察，或當他們清楚看到大家沒有看到的觀點時，他們的言論活力反而會增強，變得雄辯，因為這時的第五型人會極力捍衛自己所得到的結論或理念。

這樣的個性適合的工作型態最好是獨立作業，所受到別人的影響最少。因為第五型人對人際關係沒有興趣也不太擅長。避免人際上的接觸，能夠讓第五型人的專業發揮得更好。有自己的辦公空間，比起共用一個空間的工作環境，更能讓第五型人發揮潛力。

第五型人對資料的敏感度與超強的邏輯分析能力，特別適合從事與數字相關或吸收整理最新資訊的工作；或需要自行蒐集資料，最後推論出一個結果的研究工作。例如：研究機構、市場調查、電腦工程師、科學家、發明家……

心智活躍的第五型人很適合從事需要大量思考、倚重想像力與聯想力的工作，很多第五型人為

了追求真理、真相與知識，可以不眠不休的工作。例如：著名的科學家牛頓、愛因思坦、生物學家達爾文……他們都是能夠沉浸在知識的世界裡，而且樂此不疲的第五型人。

如何與他玩在一起

暖身版

活動設計重點：帶領第五型孩子走出戶外。第五型孩子偏重思考與邏輯分析，比較容易活在理論世界或象牙塔中，缺乏與人互動的經驗。

進階版

活動設計重點：幫助他發洩負面情緒，同時也平衡用腦過度的傾向。第五型孩子很會藏情緒，有時候他會自己找管道發洩，但是，如果父母能夠及早幫助他建立適當的管道，將有助於第五型孩子的人格健康發展。

第六型孩子

如何讓他對你說出心裡話

與第六型孩子互動的黃金守則

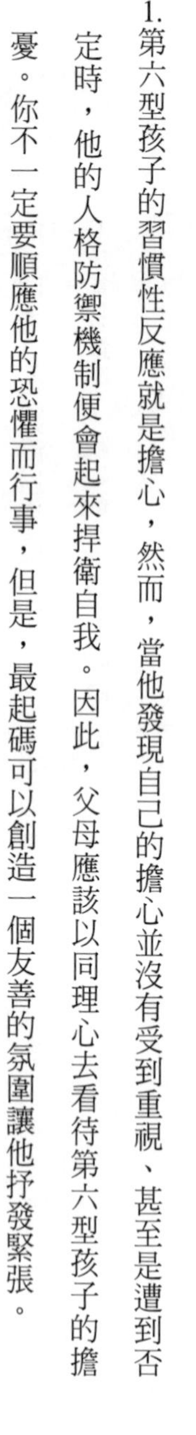

1. 第六型孩子的習慣性反應就是擔心，然而，當他發現自己的擔心並沒有受到重視、甚至是遭到否定時，他的人格防禦機制便會起來捍衛自我。因此，父母應該以同理心去看待第六型孩子的擔憂。你不一定要順應他的恐懼而行事，但是，最起碼可以創造一個友善的氛圍讓他抒發緊張。

2. 幫助第六型孩子把注意力從「瞎擔心」轉移到「找點事來忙碌」。因此，和他一起設定短期目標，讓他把力氣花在有建設性的活動上，同時，透過完成目標以增加自信感。

3. 「投射作用」是第六型人感到焦慮時的一種常見反應。他會把自己的感覺投射到別人身上。比方說，當他擔心功課會寫不完，他可能會頻頻詢問同學，問他們會不會覺得功課太多寫不完？又例如，當他感到煩躁，他會覺得別人怎麼動不動就在生氣或他會認定是別人的言行讓他煩躁。因

此，當父母發現第六型孩子出現質疑或遷怒的言行時，首先要先關心他是不是在害怕什麼。

4幫助第六型孩子逐一檢視他內心的恐懼，哪些是真的需要擔心的，哪些是「假想敵」？

5當第六型孩子今天特別服從或聽話的時候，父母更要肯定他的表現，但是，不是用「破例」來獎勵他的服從，而是以「給他空間自己作主」的方式來鼓勵他。因為第六型人對權威有一種莫名的矛盾，當他愈服從，他內心的反動將會愈大。因此，父母要適時地讓他作主，幫助他宣洩反動的情緒。

6為了證明他和父母、師長或同學是一國的，第六型孩子有承擔過多任務的傾向，然後內心會產生壓力與抱怨，最後反而破壞了他與別人的關係。所以，父母要幫助他在答應別人的要求前，先審慎思考自己的時間分配與能力負荷。

如何幫助他的學習更有效率

第六型孩子的人格特質如何影響學習

1.一再確認，身心易緊繃。

第六型孩子對人事物的不確定感特別高。常見的情況是，因為父母本身的言行舉止或管教方式經常改變，讓第六型孩子找不到一個可遵循的標準。有些父母本身並沒有意識到自己的管教不一致（比方說，偏心）；也有些父母的個性就是比較愛擔心，間接刺激了第六型孩子的不確定感。

這不確定感會引發第六型孩子對自己的不確定，尤其是能力的不確定。若是父母有注意到這一點，刻意培養第六型孩子的自信，那麼，第六型孩子就會比較能夠發揮自己。不然，第六型孩子做任何事情時，不確定感將如絆腳石一般讓他未戰先敗；因為想太多而失去行動力。

所以，第六型孩子容易緊張焦慮，即使前一天他清楚聽見老師說隔天七點半要到學校，不確定感高的第六型孩子可能還是會不由得擔心：自己究竟有沒有聽對？會不會遺漏了什麼？忍不住會跟比較好的同學通電話時順便再確認：「明天早上確定是七點半要到學校喔？」

然而，當一再確認的方式變成習慣時，第六型人便會無意識的一再確認。「確定嗎？」常成為第六型人的口頭禪。第六型孩子一直要父母給保證的行為，有時候會惹惱沒耐性的父母。

2. 不確定感，造成反覆猶豫。

如果第六型孩子曾經質疑的事情真的發生了，而且次數不止一次，那麼，他的不確定感就會火上加油，對任何事情都會抱持質疑的態度，甚至包括他自己。所以，第六型人通常不太相信別人的保證，質疑「可能會有變化」。同時，他也很難為自己最後的決定做保證。

一位第六型孩子這麼說，到餐廳本來想吃排骨麵，但如果父母跟他確認：「真的要排骨麵

嗎？」第六型孩子可能會開始懷疑起來，他會猜想，父母這樣問他是因為排骨麵不好吃嗎？還是有其他原因？即使當父母一再保證沒有這樣的問題時，第六型孩子的愛質疑與警覺心，會讓他要再思考一下：「我真的要這樣選擇嗎？」

「質疑」是第六型人格上的盲點，質疑的習慣讓第六型人給人反覆的感覺。因為，他們習慣選了A卻又開始質疑A，改選了B之後又忍不住質疑B。到最後不知所措而亂做決定。其實，世界上並沒有最完美的抉擇，如果不能看透這一點，第六型人從小到大就會在做決定上浪費很多時間。

3. 愛鑽牛角尖，幫助他拉高視野。

第六型孩子處在冷靜時，分析能力其實滿好的。只要別落入「不斷想找出最壞狀況」的牛角尖裡，不要一再推翻自己的決定，不然，經過一番審慎思考後，他的答案都還不錯。

許多第六型大學生分享，他們的思考習慣是將事情一層一層的剝開解析。先把大方向抓出來，再將大方向拆解成各個層面，檢查自己哪裡沒做好或可能會出現什麼狀況？當他們想過數遍後，會再問自己：「有沒有忽略了什麼層面？有沒有其他沒想到的方法？」最後，再從頭思考一遍，想再找出潛在問題。但他們常會卡在某一層面上，執著在找出危機，然後想辦法解決這個「想像中的危機」。

其實，第六型孩子的個性是縝密、謹慎，甚至保守的，最大的缺點就是容易落入擔心恐懼的陷阱裡，擔心會不會有別的方法比這個方法更好，別的答案比這個答案更適合。這讓他見樹不見林，鑽進一個死巷中轉不出來。這時候，父母應該嘗試拉高第六型小孩的視野，讓他看到全局。其實，第六型孩子一開始是看得到大方向與全局的，只是愈分析愈深入某一個點，就卡在裡面出不來了。

4最壞打算，雖抒壓卻易陷悲觀。

凡事先把最壞的情況想一遍，然後找出可以解決的辦法，是第六型孩子減輕愛擔憂的人格慣性。因為，當最壞的情況都想到了，他就可以大大鬆一口氣。想到最壞的情況，就像是抓到間諜一般的讓第六型孩子感到自己安全了，這時的他會有力量與勇氣去執行所有事情。尤其當最壞的情況真的出現時，第六型孩子會變得異常冷靜，因為他已經知道如何去應付。

如果第六型孩子一直花力氣在思考最壞的狀況與打算，難免就會變得悲觀，甚至因為擔心而弄巧成拙。

有一位第六型人分享，他在小學二、三年級時，老師在聯絡簿上評論他「個性猶豫不決、做事愛拖延」，尤其常常拖延在課堂上應繳交的作業。其實，他是很認真的在做作業，但是總在最後截止時間就會遲交、甚至拖到第二天。他說，他因為太擔心自己會延誤交作業，所以他總是一邊做一邊想著要怎麼樣可以快點完成。而常常就是一急不小心產生失誤：打翻顏料、寫錯章節……

5權威情結，需要強者又想反抗。

第六型人對權威者有著矛盾的心態，這與第六型人習慣質疑的人格特質有關。他不會長期相信同一個對象，因為，若投入全部的力量與信任給同一個權威，他們內心的懷疑也將跟著增強。

許多第六型人提及學生時代的經驗，都希望老師擁有一個強者的形象，能夠在課堂上展現一定的力量。曾經有一位第六型人分享他在中學時的經驗，每當新學期準備迎接新老師時，他會特別注意當新老師走進教室，有沒有散發出震懾人心的氣場。如果，他發現這位老師沒有準備，講話緩慢又缺乏調理，他在心裡會把老師看貶。接下來的整個學期對老師就不是那麼恭敬，可能會稍稍捉弄老師，或表現出不太服從的態度。然而，因為在課堂上少了對權威的恐懼感，這時的第六型孩子反而會表現的比較活潑。

另一位第六型人則分享，讓他印象深刻且敬佩的老師，一定是尊重學生的老師。那些老師並不是沒有威嚴，但是，他們會保持老師的高度，而在保持高度的同時，仍能尊重學生的需要，給學生自由發言的空間。

所以，如果家裡有第六型孩子平常很乖，但是突然對父母反彈。那麼，父母或許要想一想，最近是不是做了哪處置讓他覺得你不公平，或你用高壓對他蠻橫施壓，讓他感到你並沒有為他著想，這時的第六型孩子就會變得很叛逆。

第六型孩子的三階段人格整合計畫

（1）嘗試改變期——嘗試能夠平衡舊有人格慣性的新模式。

1. 找一個故事情節，和他一起發想該故事的主角可能會遭遇的「最糟糕狀況」。請天馬行空地想像最荒謬、最誇張的情境。藉此引導他體會，許多「災難」其實是人們內心的恐懼所投射出來的想像，不要浪費太多力氣去思考如何解決那些想像出來的災難。

2 當第六型孩子擔心的毛病又發作了，父母要讓他感覺到他是被支持的，這有助於他恢復平靜。

3. 對於容易沉浸在思考中的孩子，不論他是有效思考還是無頭蒼蠅，父母都要帶著他們多運動。

4 許多第六型孩子因為太害怕而畏首畏尾，長大後很可能因此錯失良機。父母不妨幫助第六型孩子從接受小挑戰開始，讓他逐漸熟悉挑戰的緊張與壓力，以培養第六型孩子的勇氣與冷靜。

5 幫助第六型孩子肯定自我表現。習慣悲觀思考的第六型人，總是潛意識地認定自己會失敗。因此，從小多加強第六型孩子的正面自我評價，以及培養自我肯定的習慣，都有助於自信的養成。

（2）強化模式期——帶領孩子探索新模式的深層意涵。

1. 幫助第六型孩子更進一步熟悉「投射作用」的運作；以及引導他自我觀察，在什麼樣的狀況下，他比較容易出現投射的行為。

2. 幫助第六型孩子及時辨認出自己的焦慮反應（例如：投射），或又在玩「想像最壞狀況」的思想遊戲。然後，教他如何鼓勵自己往正面思考。

3. 幫助第六型孩子更進一步認識自己的人格反應。當他遇到麻煩或感到害怕時，他是傾向盲目反擊？還是先逃避再說？提醒他，不論要反擊或逃避，抱持正面思考的態度，對自己絕對加分，若一直往壞處著眼，只會減低自己的力量。

4. 衷心地為第六型孩子的個人表現喝采！也許他會害羞拒絕或認為你在挖苦他，但是，只要你不刻意誇張，而且是發自內心，直覺力很強的第六型孩子會感覺到你的真心。

5. 當第六型孩子出現反常的火爆與反抗的行為時，先不要急著要他聽命於你，而是要關心地詢問他這麼做的原因為何。

（3）均衡發展期——在（1）與（2）階段的持續輪替下，孩子可預期的發展結果。

1. 減少負面思考的頻率與時間。
2. 理解適度的害怕是人之常情，過度的恐懼只會削弱自己。當第六型人不再被恐懼所驅動時，他會變得冷靜而且勇敢採取行動。

適合第六型孩子的職涯規劃

由於第六型人好質疑與容易受不確定感的影響，比較適合的工作環境是清楚的任務劃分，明確的公司管理規章，避免勾心鬥角或競爭高的氛圍。

任何與信用、安全、強調可靠性的工作性質，可以讓第六型人明正言順的發揮未雨綢繆的優勢。比方說，保險業、危機規劃或處理理財規劃經紀人……

一般第六型人的原創性不是很高，但是，他們很擅長改良別人的構想，延伸出更多樣化的面貌。而其他如風險管理、企劃……需要縝密思考規劃的工作，第六型人做起來會如魚得水。

如何與他玩在一起

暖身版

活動設計重點：任何能夠幫助抒解焦慮的活動；避免要檢視成果或會被比較的情況。

進階版

活動設計重點：幫助他發現自己的力量。從一件小計畫或小學習開始，不斷累積他獨自完成任務的獨立感，與能夠藉此幫助或教導別人的自信感。

第七型孩子

如何讓他對你說出心裡話

與第七型孩子互動的黃金守則

1. 每天找一段適當的時間，例如：晚餐時間。讓第七型孩子盡情抒發他天馬行空的想法與熱情憧憬吧！

2. 當遇上他感興趣的事情，第七型孩子會馬上被煽動，但是熱情可能不容易持久。父母不妨從旁協助他訂下階段性計畫，鼓勵他逐一完成。為了延燒他的學習熱忱，父母要動點腦筋增加小計畫的有趣性！比方說，用尋寶的方式找到需要的訊息或工具……

3. 第七型孩子天生滑溜，他總會找藉口幫自己脫罪。當父母發現第七型孩子又在耍嘴皮子時，不妨柔和的點破他。最好不要當場不留情的戳破他，那可能會使他惱羞成怒，進而乾脆任性耍賴。

4 第七型孩子很欣賞自己的機智與靈敏，他會不自覺地貶低別人的智商。父母一定要當場請他收斂。第七型孩子需要清楚的界線，不然他會認為大家既然無所謂，就繼續做自己覺得有趣的事。

5當第七型孩子使出全身力氣、唱做俱佳地表演了一個非常有趣的故事時，父母一定要肯定他的表現，最好比你平常更高昂的語氣去讚美他。擅於表演是他的人格潛力，不要因為父母本身的嚴肅個性而壓抑了他的天賦。

6幫助第七型孩子去面對負面的情緒。第七型孩子看似樂觀，其實那是他逃避不愉快感覺的方法。只有當第七型孩子能夠正視痛苦，他才會發展出真正的樂觀。當他比平時安靜時，父母不妨多詢問他的感受：「你現在感覺如何？覺得累嗎？捨不得嗎？」而不是「你在想什麼？你接下來要做什麼？」

如何幫助他的學習更有效率

第七型孩子的人格特質如何影響學習

1.外務繁忙，因為害怕無聊。

第七型孩子不喜歡受限制，卻喜歡把課餘時間排滿活動，不讓自己有空檔。因為，只要想到「無事可做的空白時間」，第七型孩子就會覺得好無聊，忍不住想到處晃晃。

曾經有一位第七型孩子說，如果知道當日下午有滿滿的行程，他從早上睜開眼睛後就會精神飽滿的期待著。因為，想到等一下會去不同的地方、遇到新的朋友、有做不完的有趣事物，即使身體很累，但是心裡卻很快樂。

所以單調死板的課程內容會讓第七型孩子坐不住。因此，第七型孩子很容易被不理解他個性的老師，冠上過動兒的標籤。在我的諮商室中，只要是父母懷疑第七型孩子是否過動，通常我會先解釋第七型孩子的個性，他就是天生就不喜歡無聊，如果感到枯燥或做事一成不變時，他就容易顯得過動，其實很可能還沒有真正過動。但是若是大人們不懂第七型孩子而一味限制的話，就很有可能發展成過動了。

2. 精力充沛，喜歡製造熱鬧。

第七型孩子不喜歡無聊，相對顯得好奇心重。同樣也很好奇的第五型孩子則是因為喜歡觀察，然後提出一個問題去思考。例如：第五型的牛頓會被掉下來的蘋果吸引，去思考為什麼蘋果會從樹上掉下來；但是，第七型孩子則會再搖搖蘋果樹，看看還有什麼東西會掉下來。

第五型孩子的好奇是想知道原因；而第七型孩子的出發點則在於好不好玩，有不有趣。

一般來說，第七型孩子不擅長需要記憶的課程。偶爾有些第七型孩子會過目不忘，但是這情況比較少，通常都是臨時抱佛腳。

有小聰明的第七型孩子喜歡天馬行空去發想奇奇怪怪的想法，但是，不見得會付諸行動。他喜歡變化，喜歡有趣，喜歡提出一個想法引起大家的熱烈討論，或讓全班哄堂大笑，第七型孩子就會覺得很酷。

3. 創造力強，不按牌理惹惱大人。

由於第七型孩子害怕無聊、不喜歡受限，相對也不太重視規範與邏輯。凡事一定要有趣，是第七型孩子的中心思想。

曾經有一位第七型學員分享他小時候背九九乘法表的經驗。他發現大人們都是這麼背：1×1得1、1×2得2、1×3得3……這位第七型孩子覺得太無聊，為什麼不能倒過來背呢？於是，第二天當老師問誰背好了，他馬上舉手背出：1×10得10、1×9得9、1×8得8……

他說他永遠不會忘記，台下同學們一片目瞪口呆，而很不幸的是，老師認為他在挑戰老師的權威而勃然大怒。這就是第七型孩子的悲哀，如果老師不願意給第七型孩子一些自由發揮的空間，那麼，第七型孩子的學習將事倍功半。我看過一些資質聰穎的第七型孩子，因為遇到不理解他們的老師或父母，他們以不唸書來表達抗議，十分可惜。

4容易分心，三分鐘熱度。

第七型孩子，因為腦筋動得快，只要是自己有興趣的事，他絕對會集中火力。但是，也正因為腦筋轉得快，他的興趣持續度比別人弱。他的學習態度就像沖天炮，對有興趣的事，一點即發，衝得很高但很快就會熄滅，轉移注意力到其他事情上。

因此，最好能讓學習過程多一些變化、樂趣、與驚喜，就可以增加第七型孩子的學習熱誠。比如說，教ㄅㄆㄇ，也許不是一個字一個字的教下來，而是用抽籤的方式，抽到哪個字就教哪個字。

第七型孩子寫功課速度超慢，並不是他不會寫，而是他的專注時間比較短。很可能才寫兩個字，就想看看電視或瞄瞄指甲，然後再寫兩個字。因此，有時候我會建議家長，不妨在第七型孩子寫作業的時候，容許他有一些變化的空間。比方說，先把國文作業在房間寫完後，就可以去和正在煮飯的媽媽聊聊天，然後規定他吃晚飯前把另一項作業做完。總之，就是緊——鬆——緊，要讓第七型孩子有明顯的變化時間。不然，他常會因為被逼著寫無聊的功課而一直拖延不寫。

平常時父母就要培養第七型孩子的自律感。寫功課的方式可以有變化，但是底線是什麼，父母一定要嚴守。通常跟第七型孩子交涉的時候，最好先在心裡列出你的底線，然後加高一些成為與他談的條件。在條件與底線之間，讓喜歡搞小花樣的第七型孩子有一個自以為爭取到些許自由的空間，以安撫他不喜歡受限的特質。

5注重有趣，討厭被強迫。

當第七型孩子覺得無趣無聊時，他會反抗，可能不是很明顯的與大人對衝，但是，一定會想辦法溜掉或賴掉。第七型孩子比較少與父母衝突，除非是被壓抑到某個地步他才會公然反抗。

第七型孩子要自動自發學習效率才會高，如果是高壓強迫他，讓他沒得選擇，這會激起第七型孩子的反抗。因為第七型人最怕沒有選擇，或被拿刀架著做事，這是第七型人格中的地雷。第七型孩子很怕錯過一些有趣的事，父母不妨把握這個心理因素，製造一些誘因，讓他自願去達成。

第七型孩子的三階段人格整合計畫

(1)嘗試改變期——嘗試能夠平衡舊有人格慣性的新模式。

1. 幫助樂觀過頭的第七型孩子看見一件事情的正面與負面。

2 面對有興趣的事情，第七型孩子會盡量都去嘗試。父母最好能夠及早協助第七型孩子培養「篩選」的概念，不然，時間與精力有限的他很可能會先放棄課業。

3. 從小培養第七型孩子守紀律，但是，要適度留一點空間讓他不喜歡受到限制的人格特質獲得一些安撫。例如，規定九點上床，或許讓他拖延個十分鐘，但是，九點十分這個底線一定嚴守。

4 在他忙碌的行程中，固定排入一些比較不有趣、但是一定得參與的義務活動，以培養他對的責任感與忍耐力。

5 個性大而化之的第七型孩子其實對批評非常敏感，除了他的自我感覺相當良好外，還有就是他對不愉快感覺的忍耐力比較低。所以，父母要在一旁幫助第七型孩子面對別人對他的負面批評，培養他自省的習慣。

（2）強化模式期——帶領孩子探索新模式的深層意涵。

1. 幫助第七型孩子觀察自己突如其來的高昂情緒或衝動行為，是否是因為想要逃避某個不愉快的感覺或經驗。

2. 幫助第七型孩子辨認出自己被限制或沒有選擇時的的焦慮反應。例如：開始想著去玩樂或捉弄身邊的人、開始坐立不安靜不下來、失去耐性……

3. 當第七型孩子想要逃避某件事情時，平時愛笑鬧的他會變得特別容易生氣。父母要引導第七型孩子去觀察自己通常會在什麼樣的情況下發怒。

4 當第七型孩子開始因為無聊而吵著玩樂時，父母可以適時地引導他去思考，除了遊戲之外，還有很多事情可以幫助我們打發時間。例如：閱讀一本好書、幫別人做一件事情……

整個動物園
就我最帥了！
大家都是為了
看我而來的！

5. 第七型孩子習慣自我膨脹，甚至容易把事情想得很簡單，自己一定可以應付。父母要幫助第七型孩子警覺這一份莫名的優越感。

(3)均衡發展期——在(1)與(2)階段的持續輪替下，孩子可預期的發展結果。

1. 變得比較有耐性，坐得住。
2. 從眾多有趣的事物中，能選出最值得做的，然後專心的完成它。開始明瞭「生命應該花費在最有價值的事情上」。

適合第七型孩子的職涯規劃

樂觀幽默、小聰明、樂於學習新的東西、喜歡有趣新鮮的事物……第七型人總是給人多才多藝的印象。一項結合九型人格與市場調查的報告中發現，會最先去使用新產品的消費群，以第七型人特別多。因此，第七型人適合需要常常翻新、或能夠抓住潮流脈動的工作內容，也很適合需要到處出差或旅行、強調創新或講究創意的工作。

第七型人不太適合競爭氣氛過於強烈的工作環境，或容易產生過多心理壓力與負擔的工作內容。因為，習慣輕鬆有趣的第七型人並不喜歡與人衝突，或長期接觸過於沉重的氛圍。他比較適合自己設定工作方式與進度。如果第七型人能夠善用性格中善於建立人脈與幽默敏捷的優勢，他通常能夠談笑用兵，在輕鬆的氣氛中完成交易。

適合的工作有業務、公關、餐飲、娛樂表演事業；或人文相關的，例如：翻譯、寫作、出版業……曾經有一位出版社的社長這麼分享，第七型的他很高興能夠擁有自己的出版社，因為，他想出什麼書就出什麼書！而且每次出版一種新風格或新潮流的書籍，他就會感到特別開心，也因此更熱愛他的工作！

如何與他玩在一起

暖身版

活動設計重點：培養他對家庭的向心力，不會總是朋友與玩樂第一。

進階版

活動設計重點：幫助他的心安靜下來。第七型孩子的確比較容易浮躁，尤其想到別人都在玩，自己卻很無聊的時候，他會更耐不住。

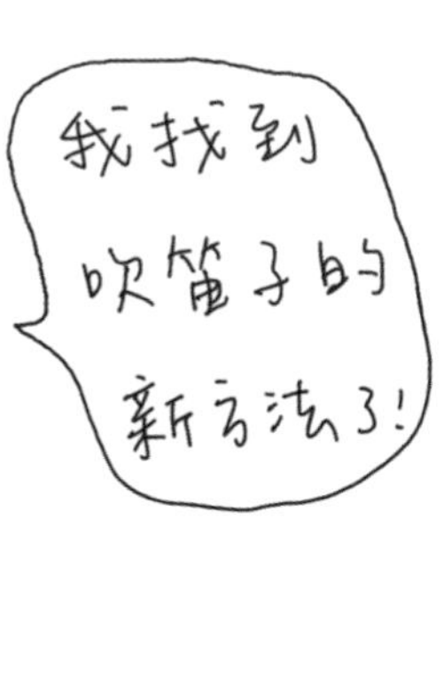

第八型孩子

如何讓他對你說出心裡話

與第八型孩子互動的黃金守則

1. 第八型孩子習慣有話直說，也許父母並不習慣這樣的方式，但是，「直接」是與第八型孩子溝通的最佳原則。因為，第八型孩子對於模糊的態度相當敏感，一旦他感到你有所隱瞞，他會立即豎起防護罩，而生氣或堅持己見則是他自我防禦的表現。
2. 第八型人向來氣勢過人，即使還只是一個孩子，他發怒時的威力，甚至連父母都會被他震懾住。但是，父母一定要冷靜地穩住場面，不能流露出絲毫被第八型孩子「嚇到」的表情、甚至妥協，否則，第八型孩子以後會更以氣焰來反制你。
3. 第八型孩子天生喜歡帶頭，父母不妨好好利用他的領袖慾來幫家裡做點有貢獻的事。例如：要他帶領弟妹做家事，內容由他公平分配。

4 不妨賦予第八型孩子特別去照顧家裡弱者的責任，比方說，最年幼的孩子或長者。讓他的正義感有正向的抒發。

5 教導第八型孩子明辨是非對錯是一件非常非常重要的事。只要第八型孩子有守紀律的概念，父母幾乎可以高枕無憂了。因此，每當第八型孩子有疏失時，父母應該抓出該事件的幾個大重點與因果關係，以幫助第八型孩子看見自己的錯誤與應負的責任。

6 儘管第八型孩子的情緒反應相當激烈，卻常常是來得快去得快。如果父母本身是比較容易受情緒影響的，那麼，當面對第八型孩子的頑強抵抗時，許多父母會因此抓狂失控。所以，父母要準備一些簡單的方法幫助自己迅速冷靜下來，以防原本只是想管教孩子卻演變成親子對決的場面。

第八型孩子的人格特質如何影響學習

1. 人生戰士，絕不輕言妥協。

雖然第八型孩子還是個孩子，他的生存意識或領土意識絕不會比大人少，甚至更強烈。第八型孩子對於戰鬥或打仗的遊戲特別感興趣，因為，生死存亡的威脅、惡勢力的攻擊、或對抗另一個團體，都會讓第八型人感覺到自己強大的生命力，點燃旺盛的鬥志。

曾經有一位第八型孩子這麼分享，他認為人生就像一場叢林求生戰，除了要有凶猛的氣勢，還要有厲害的爪子。他常提防著別人會不會佔他便宜或欺負他，所以，他總是在一種防備狀態，可以隨時反擊別人。一旦意識到有人可能要來欺負他或不太尊敬他，這時，他的第一個直覺是馬上反擊。他寧願冤枉別人，也不會讓自己受到傷害。

第八型孩子是帶頭行動的人；或總想要做一件轟轟烈烈的大事讓全場震撼。第八型孩子不僅習慣做領導者，更堅持要掌控全局，也就是要按照他的意思進行。領導對第八型孩子來說是一種本能，萬一在一個團體中他不是帶領者，他會不由自主的想去和帶領者爭鬥。

2. 超強自我，不看場合行事。

其實，第八型孩子不難懂，他所說的就是他所想的，他不喜歡搞心理戰。第八型孩子對於自己認定的事，一定會力爭到底；但是對於打心裡不贊同的事，他也不太會虛與委蛇。這也是為什麼第八型孩子比較難得不到大人的歡心，因為他不想看大人臉色，違背自己的意志去討好大人。

當第八型孩子對某件事有了自己的認定後，他通常會將自己的想法或意志貫徹到別人身上，可能會想辦法說服別人，或用強迫、甚至武力地同化別人。又或者他們根本不甩別人的想法，自己一意孤行。

3. 自主性強，勇於爭取。

第八型人很討厭被人忽視，尤其當他們認為自己很有道理時，更不能忍受他的意見被忽視。所以，第八型人自然磨練出一種「我在這兒！」

的強大存在感。第八型人會透過堅定的站姿、炯炯銳利的眼神、鏗鏘有力的語氣、誇大的肢體動作……來向眾人宣告：「嘿！我在這兒！別忽視我！」

而第八型孩子則是透過堅持自己的意見，或故意製造某種衝突場面來引起大人的注意，讓大人無法忽視他們。若是大人們以「孩子不懂，不要亂插嘴。」的話來搪塞第八型孩子，他便會一直講，或喊得很大聲，讓大人不得不去理他們，滿足他的要求以換得片刻寧靜。

第八型孩子的「我」是九型孩子中最強烈的，因此他很容易就覺得自己被打壓。如果親子間平常就有順暢的溝通管道，讓第八型孩子有表達自己意見的平台，同時也有被父母平和拒絕或互相協調的經驗，那麼，第八型孩子比較不會感到被無理壓迫。但如果父母一貫以高壓對付，隨著第八型孩子的年紀增長，他的自我意識會愈強大，等到他有能力自我保護時，過去長期被打壓的憤怒就會爆發出來。

因為習慣打破限制與傳統的人格特質，第八型孩子的確是比其他孩子來得叛逆。如果父母能夠即早瞭解第八型孩子自主性強的性格，願意給他一些自己作主的空間、與如何正當伸展自我意志力的正確觀念，那麼，第八型孩子不會故意反叛父母。我也遇過一些個案，就是父母的想法比較傳統，認為孩子子不應該有意見，但是第八型孩子又很有自己的主張，覺得自己並沒有錯，這時就會激起第八型孩子的反抗心。

4好強好勝，愈不安愈強硬。

第八型孩子的個性很好強，不喜歡自己想要做卻做不到的感覺，也不喜歡感到自己很渺小。所以，第八型孩子無論如何都會堅持要完成自己想做的事。尤其是那些能彰顯自我力量的事，第八型孩子會非常熱衷。

第八型孩子會盡量避免沒有完成目標的失敗感。因此，他傾向一次就把自己所有的力量用盡，希望一次就能夠成功！所以，第八型孩子不論是走路、遊戲、日常生活，都會讓人有用力過度的感覺。比方說，走路很用力，好像要把地板踏出一個洞才甘心。

這都是因為第八型人格的設定：把每一次機會都看成是生死攸關的大事。如果這一次不盡全力，也許再也沒機會了！尤其當一個第八型孩子自覺他的意見並沒有被大人聽見，這時，他想活出自我的欲望會更強烈。

5情緒猛烈，無意間刺傷旁人。

第八型孩子的脾氣或喜好是來得快去得也快，而在情緒來的當下，會像颱風一樣猛烈，很多家長都表示承受不住。經常看見在賣場中有孩子為了買某樣東西，在那裡哭鬧不休與大人僵持不下，這通常就是第八型人格特質的展現。

如此特質一旦在學校裡展現，很多過度重視權威的老師就會難以接受。第八型孩子真的並不好收服，但是仍有方法。要讓第八型孩子服氣，首先是身教，也就是你要求他做的事，你自己要先做到。再來，就是讓第八型孩子的情緒有發洩的空間。第八型孩子的各種反應都比其他型的孩子來得激烈許多。比方說，別的孩子對老師的反抗心有五分，第八型孩子也只有五分，可是他表現出來的氣勢卻讓老師誤以為是十分。因此，老師很可能就會特別處罰第八型孩子。而這就會讓第八型孩子覺得超不公平，憤而更激烈的與老師抗爭，讓老師留下「壞學生」的印象。

第八型孩子的三階段人格整合計畫

(1) 嘗試改變期——嘗試能夠平衡舊有人格慣性的新模式。

1. 幫助總是用力過頭的第八型孩子學習控制強度。
2. 當與第八型孩子起衝突時，父母要學習用技巧和策略與第八型孩子交手。不建議硬碰硬，因為第八型人的人格設定就是絕不吃硬。不妨先讓第八型孩子緩和下來後，再以你為主導的前提下，讓給他部分的自主空間。
3. 培養第八型孩子對別人自主權的尊重；挪一些空間給別人。
4. 當第八型孩子與別人有衝突時，父母不妨引導他以提問的方式先瞭解對方的想法，如果對方的想法與自己的不合，再以比較的方式與對方討論。而不是一開始就把自己的想法強迫要別人認同。

5幫助第八型孩子去發掘異中的相同點，尤其當他與別人的意見不同時。因為，第八孩子常常容易堅持己見，與人決裂。所以，請培養第八型孩子看見相同點的能力，進而願意做出一些妥協，以製造雙贏的局面。

（2）強化模式期——帶領孩子探索新模式的深層意涵。

1. 鼓勵第八型孩子去體會脆弱或柔軟的情緒，讓他知道，流淚或想念某個人並不丟臉。當第八型孩子愈能夠表現出柔弱的一面時，表示此時的他愈敞開。

2. 幫助第八型孩子看見自己的衝動或保護自我的行為，如何影響到別人、甚至侵犯或傷害到別人。

3. 當第八型孩子又違反了你們的約定時，先不要急著發火，因為，你的憤怒只會激起第八型孩子反擊的本能，即使他知道自己錯了。先問他為什麼要這麼做，如果他知錯，讓他認錯並給予事先約定好的懲罰。

4 第八型孩子愛逞強，當他又習慣地為人強出頭時，引導他去發掘自己內心的動機，並且幫助他去思考這麼做的後果可能會有哪些。

5 第八型孩子的自我意識非常強，凡事皆以「我的、我想、我要……」為出發點。幫助他體認，當一個人不懂的尊重別人的自主權時，這個人本身的權利也不會被尊重。

（3）均衡發展期——在（1）與（2）階段的持續輪替下，孩子可預期的發展結果。

1. 在伸張自我的同時，也懂得尊重別人。理解到還有比一味強調自我主張或使用蠻力更好的方法，那就是懂得與人分享。
2. 體認到除了自己的意志力，宇宙中還有一股更大的力量，那就是愛。想讓自己更有力，那就讓自己充滿愛。

適合第八型孩子的職涯規劃

獨立、堅定、野心強大、不想被控制的第八型人，將柔軟的內心隱藏在自我保護的盔甲之下。看似強硬的他，在心理深層是非常害怕被別人控制。第八型人領悟到，如果不想被別人控制，自己必須夠強大。所以，第八型人熱愛且追逐權力。因為，權力是最強大的自我保護罩；不僅別人不能侵犯他，甚至能夠讓大家都聽他的。因此，第八型人非常適合殺戮戰場一般的工作生態。例如：房地產、政界、股票市場……以及其他比一般產業更現實或投機的戰場。

當八型人從事滿足人們日常生活所需的工作則未必有利，因為他們習慣的思考邏輯是：「我想要什麼？」而不是「別人需要什麼？」他們適合要不斷挑戰自我、打敗對手、或開拓新局面的行業。例如：業務、政治、軍警人員、企業家、創業……當然，這不是保證第八型人創業一定會成功，而是他們「喜歡開創、不喜歡被管束」的人格特質，十分符合當老闆的條件。

如何與他玩在一起

暖身版

活動設計重點：陪第八型孩子一起發洩過剩的精力。因為，過度旺盛的活力會煽動他的情緒或干擾學習。

進階版

活動設計重點：培養第八型孩子的分享與付出的能力。

老師！
如果我們這次月考我們都考100分的話，
我們要求放假一天！

第九型孩子

如何讓他對你說出心裡話

與第九型孩子互動的黃金守則

1. 要適時提醒第九型孩子思考一下他自己的需要、個人權利、或立場主張。因為，許多第九型孩子有抹滅自我的傾向。

2. 與父母建立固定的溝通平台對第九型孩子非常重要。因為，他不是一個很容易講出內心真正想法與感覺的孩子，甚至許多時候，他只是在複述別人的想法而不自知。

3. 第九型孩子特別需要家人的支持與加油；他的自信來自於當他發現別人信任他的能力。

4 第九型孩子不善於分辨出優先順序，因此常容易被瑣事拖延進度。父母不妨從旁協助把大目標切割成眾多小任務，幫助第九型孩子如期完成目標。一方面幫助他培養自信，一方面也讓他有機會學習制訂計畫。

5幫助第九型孩子學習說「不！」同時讓他體驗，拒絕別人不見得一定會引起衝突。

6當第九型孩子有「學伴」或「玩伴」時，他的學習態度會比較積極，放空的情況也會變少。因此父母不妨幫助他找到一位適合的同學或朋友，或父母自願當第九型孩子的伙伴則更佳。

如何幫助他的學習更有效率

第九型孩子的人格特質如何影響學習

1.容易拖延，有心做好、無力進行。

第九型人常被笑稱是恐龍，因為他的反應總比別人慢一步、做事情容易拖延。其實，第九型孩子並不遲緩，只是態度比較懶散，明明有事要完成，但是他就是習慣拖延。

許多第九型孩子認為自己不是故意拖延，他心裡有想著要去做，只是一直還沒有去做罷了。

曾經有一位第九型人回憶，他讀國一時的班導師於學期末將辭職返鄉，當他獲知這個消息時就計畫

著要寫一封信感謝老師。三不五時他就想著要寫一封信，而且這是他第一次這麼積極的想要做一件事，既不是父母的要求，也不是學校的規定，而是他發自內心的想去做。但是，計畫歸計畫，他還是遲遲未採取行動。那段時間他也沒有特別忙，明知老師快要離開了，他也非常捨不得老師，但是就是還沒動筆寫信。直到老師走後又是新學期的開始，他一直在想要寫封信寄給老師，然而，最後他終究還是沒有行動。

再舉一個例子。曾經有一位國小四年級的第九型孩子分享，他說他常想著最好一回家就把功課寫完，這樣就可以放鬆看電視，然後等著吃飯、睡覺，度過悠閒的晚上時光。曾經有一兩次他真的做到了！他也覺得這樣真好，很希望自己能夠一直維持。因此，每天放學之前或上課時，他都告訴自己，一回家就要把功課寫完。然而，他每天都這麼想，但是每天都做不到！因為，每天回到家後，東摸西摸，休息一下，時間就過去了……眼看剩半個鐘頭就要吃飯了，那就等一下再做吧！就這樣，每天從八點開始寫功課。其實很認真的寫，不要看連續劇，寫完功課後也還是可以慢慢洗澡，好好睡覺。但是，如果當天有齣精彩的電視劇，他多花一點時間看電視，那後面可慘了！因為功課就會寫到九點半，爸媽肯定來罵人，責怪為什麼功課寫這麼晚，為什麼回來不趕快寫。第九型孩子認為他真的有想要趕快寫功課，但是不知道為什麼他總是做不到。

2.安於現況，配合大人的期待

第九型孩子雖然喜歡拖延，但是未必代表他不會好好念書。因為內心裡想要順應爸媽，爸媽高興，第九型孩子就高興，當他知道爸媽期望好成績時，他就會有念書的動力。

曾經有一位第九型孩子分享，他當然也想有好成績，但是，他不會太苛求自己，只要能夠保持中上的成績就好。他從沒想過拚第一名，只要盡量不出錯、努力維持現況、別讓父母操心，他就很滿意了。

許多第九型孩子這麼分享，他不會花全部的力氣去做一件事，放鬆時間對他來說很重要。比方說，如果他有一個半小時的念書時間，他只會花一小時念書，剩下的半小時去看電視，放鬆一下，準備第二天上課的心情。第九型孩子會設定一個符合大人要求的標準，達到這個標準就好；他很少去想「明天要超越今天的自己」，他是很安於現況、很容易滿足的一群。

3.自我安慰，力保內心的平靜

第九型孩子特別不喜歡失望與不平靜的感覺，因此他只好降低期望。然而，當情況還是不能令人滿意時，他會想辦法找理由來安慰自己。曾經遇過一位第九型孩子，他第一次考全班最後一名；第二次考還是最後一名。他卻主動安慰爸媽說，雖然名次沒進步，但是總分進步了兩分！這也算是有進步吧！這就是令人又氣又好笑的「第九型式的樂觀」。

許多第九型孩子分享，偶爾也會覺得自己充滿活力，尤其是快要交作業的前一、兩天。比方說，本來有一週的時間可以寫作業，他們在前五天過得很悠哉，到了第六天就會像火箭一般地往前加速。期限前的他們是非常緊張的，但是，許多第九型孩子在那樣高度緊張的狀態下，是可以淡定的完成功課。他們也很驚訝原來自己是有潛力與爆發力的。但是多數時間裡，第九型孩子知道自己有懶散的一面；或想先休息個兩天，把心情弄安穩了，第三天再來工作。

第九型人傾向先去處理眼前讓他煩躁的小事，他想先讓心情安穩了，再來好好做最重要的事情。只是瑣碎的小事會一件牽一件的做不完，最後反而耽誤了最重要的事。所以，當有人指責他不專心處理大事時，第九型人會覺得很冤枉。因為他心中從未忘記那件大事，也一直提醒自己要趕快去做，但是眼前就是有枝微末節的小事，而沒有處理完這些枝微末節，他如何能夠專心忙大事呢？這就是第九型人的邏輯。

4 避免麻煩，反轉成為積極的動力

第九型孩子天性安逸，許多父母都喜歡分享家裡第九型孩子的無敵天真！曾經有一位媽媽分享，她的第九型孩子吃完早餐後一定會躺在地板上呈大字型，一邊打飽嗝一邊嘟囔著說：「人生要是每天都這樣過，那該有多好啊！」

常說第九型人是「假的佛陀」，他外表一副怡然自得、與世無爭的模樣，但是他並非真能夠與不安共處，只是盡量避免不安、假裝沒事而已。其實，父母如果能夠善用第九型孩子嚮往平靜的特質，也是可以讓他很有行動力的。比方說，讓第九型孩子學習到，如果現在不做這件事，之後結果會比現在更糟，許多第九型孩子為了避免更辛苦，他只好積極一點趕快完成。

許多第九型人分享，他們現在做事不拖延的原因通常是小時候學到非常重要的教訓。可能小候時有幾次特別嚴重的拖延經驗，有些是拖延功課，有些是拖延父母交代的事，拖延的結果造成更嚴重、更累人的後果，從此讓他們做事情不敢再拖延。

還有一位第九型孩子分享，他經常拖延父母交代的事，由於已成習慣，他就覺得最後能完成就好，為什麼要逼我一定得現在完成？然而，自從他媽媽訂了一個非常嚴格的懲處表，並且非常嚴格的執行，造成這位第九型孩子根本沒有耍賴的空間，這時，他就會一輩子記得這個教訓。

第九型孩子是典型的「習慣成自然」的一群。因此，如果父母想要培養第九型孩子某些習慣，最好就是陪他一起做，做二十一天、做三十天、做兩個月……當第九型孩子習慣這件事情後，他會被制約，時間一到他自然就會去做。只是在此之前，父母需要有耐心地與他們一起培養習慣。

5消極抵抗，壓力愈大愈敷衍

第九型孩子溫和的個性常讓大人們覺得很好相處，然而，當第九型孩子因長期退讓而內心不滿升高時，他會變得非常頑固。只是，他比較少會與大人正面嗆聲，而是採取消極抵抗。

當父母問第九型孩子功課寫了沒？他可能因為還沒寫而不敢出聲，此時父母可能會出口威脅要處罰他，如果平時親子間沒有一個讓第九型孩子感到安全的溝通經驗時，那麼，第九型孩子可能打死都不敢回應或支吾其詞的惹惱大人；這就是一種消極抵抗，以不合作的方式面對指令。

想瞭解第九型孩子內心的喜好與意願，最好從行動面來看。如果他告訴你這個課程很有趣，他很喜歡，但他卻不會主動學習，或很少翻開該學科的課本，那就意味著他說那科很有趣是騙人的，很可能只是要應付大人而已；或同學們覺得很有趣，但他自己卻不一定喜歡。總之，無論是什麼理由，當第九型孩子嘴裡說一套，但做的卻是相反的另一套時，父母就要明白他嘴裡說的只是敷衍，他真正做出來的才是內心的想法。

第九型孩子的三階段人格整合計畫

(1) 嘗試改變期──嘗試能夠平衡舊有人格慣性的新模式。

1.當父母發現第九型孩子變得沉默或出現疑惑的表情與言行時，不妨主動詢問他當下的感受，或對相關人事物的看法。然後再鼓勵他去發現內心感覺。第九型孩子其實也有一顆敏感的心，只是他習慣抹滅自己的重要性或存在感，於是，連感覺也抹去了。

2當第九型孩子生氣或鬧情緒時，父母不要急著制止，要乘勢誘導他說出內心壓抑已久的實話。

3.當第九型孩子很難做決定時，父母不妨用刪除法，先刪除他最不想要的情況，最後釐清他內心比較想要的選擇。

4第九型孩子不喜歡改變，甚至會用不熱絡或不參與的態度來抵擋新變化。父母應該多引導第九型孩子去體認，改變未必是一件壞事，多讓他想像一下改變之後的樂觀遠景。

5父母最好能定期關心一下第九型孩子目前的各項進度，包括學業、校外學習、其他正在進行中的事物、以及與別人的約定。但是父母不要以「施壓」的方式去提點他，而是以「伙伴」或「共同體」的角度去詢問。第九型孩子不喜歡孤軍作戰的感覺，那會讓他想放棄。只要父母幫助第九型孩子建立起自信，以後他就會自動自發地要求自己，不用父母盯哨了。

（2）強化模式期——帶領孩子探索新模式的深層意涵

1. 當第九型孩子顯得猶豫不決時，通常表示他內心真正的想法與他認定的外界期待，兩者之間有落差。這時，父母不妨引導他把注意力轉回到自己的需要上，而不是一直考慮別人的期待。

2. 幫助第九型孩子看現他的不肯表明心意、又不願意忤逆別人、但是又不想妥協的結果，通常會造成大拖延，反而引發眾怒或帶來更糟的結局。

3. 常提醒第九型孩子，不要小看自己！他的願望或想法非常重要。

4. 幫助第九型孩子去觀察每天之中出現的「變化」。讓他瞭解，變化就像每天的天氣，都是人生中不可避免、也是難以預測的事情。引導第九型孩子學會跟著變化去應對。

5. 幫助第九型孩子觀察與分析他做決定的過程，尤其是在什麼樣的情況下，他會附和大家。幫助第九型孩子培養面對群眾壓力的勇氣。同時，讓他瞭解可以怎麼做以堅持自己的立場，而且常常練習，以備不時之需。

（3）均衡發展期——在（1）與（2）階段的持續輪替下，孩子可預期的發展結果

1. 先尊重自己的想法，再尊重別人的想法。

2. 開始發現自己的能力，並且更積極地去參與他有興趣的事物。

適合第九型孩子的職涯規劃

平易近人又願意配合別人，第九型人在和諧愉快的工作氣氛下最能發揮潛能，高度競爭的氛圍會讓他感到強烈不安。注重內在平靜的第九型人，人際間的衝突會影響他的情緒。為了保持內心的和諧，第九型人甚至願意放棄自己想要的結果或事物。其實，第九型人很適合結構穩固的公家機關，因為一旦他適應了某個環境，只要該環境不常有變動，他通常就可以待上很久。

第九型人特別適合團隊合作，因為，第九型喜歡跟人在一起的感覺，孤軍奮戰會讓他失去動力。當大家為了一個共同的目標而一起努力時，最能夠點燃第九型人的活力與衝勁。第九型人也很適合研究或輔導等相關

事務，例如：研究人員、心理諮商人員……因為第九型人擅長保持中立論調與轉化人我的觀點。

如何與他玩在一起

暖身版

活動設計重點：「固定運動」是喚起第九型孩子自我意識的最佳方法！父母可以有計畫的安排從一個禮拜一次，慢慢一個禮拜兩次，然後持續增加到一天一次最好。以「不需要太麻煩」的運動為主，如跑步、散步、親子單車、羽毛球……

進階版

活動設計重點：幫助第九型孩子發現自己的興趣。

國家圖書館出版品預行編目資料

孩子應該適性教：九型人格告訴你,原來應該這樣與孩子相處 / 胡挹芬著. -- 初版. -- 新北市：養沛文化館, 2014.11 面； 公分. -- (I CARE快樂心田；15)
ISBN 978-986-5665-07-4(平裝)
1.親職教育 2.人格心理學

528.2 103018645

I CARE快樂心田15

孩子應該適性教：

九型人格告訴你，原來應該這樣與孩子相處

作　　者／胡挹芬
發 行 人／詹慶和
總 編 輯／蔡麗玲
執行編輯／白宜平
編　　輯／蔡毓玲・劉蕙寧・黃璟安・陳姿伶・李佳穎
執行美術／周盈汝
美　　編／陳麗娜・李盈儀・翟秀美
繪　　圖／范思敏（個人粉絲團 Jazz's WondeHand）
出 版 者／養沛文化館
郵政劃撥帳號／18225950
戶　　名／雅書堂文化事業有限公司
地　　址／新北市板橋區板新路206號3樓
電子信箱／elegant.books@msa.hinet.net
電　　話／(02)8952-4078
傳　　真／(02)8952-4084

2014年11月初版一刷　定價350元

總經銷／朝日文化事業有限公司
進退貨地址／新北市中和區橋安街15巷1號7樓
電話／（02）2249-7714　傳真／（02）2249-8715